WOLFGANG LINK

PARADIES RÜGEN
OSTSEE-KÜCHE

50 KÖSTLICHE REZEPTE AUS IHREM INSEL-PARADIES

mindful**books**

INHALT

LIEBE GÄSTE,

wir wünschen Ihnen eine entspannte Zeit auf der Sonneninsel Rügen, die Sie sicher noch lange in angenehmer Erinnerung behalten werden.

Für Sie haben wir dieses Rügener Kochbuch kreiert, das Sie auch zuhause an die wunderbare Zeit auf Rügen erinnern soll. Gemeinsam mit unserem Freund und Partner Chefkoch Wolfgang Link haben wir für Sie jede Menge toller Rezepte mit starkem regionalen Bezug und maritimem Charakter zusammengestellt, um Ihnen die Insel Rügen und die deutsche Ostseeküste auch kulinarisch vorzustellen.

Dieses Kochbuch werden wir regelmäßig neu auflegen und mit neuen Rezeptideen füllen, sodass auch unsere Stammgäste immer wieder neue Anregungen bekommen und neue Köstlichkeiten entdecken können.

An dieser Stelle bedanken wir uns daher auch bei unseren zahlreichen Stammgästen, die regelmäßig eine schöne Zeit bei uns auf Rügen verbringen und uns immer wieder besuchen kommen.

Wir wünschen Ihnen allen, neuen und wiederkehrenden Gästen, viel Freude mit unserem Kochbuch und jede Menge Spaß beim Nachkochen der Rezepte.

Mit sonnigen Grüßen

Ihr Holger Auffarth
Geschäftsführer der
Paradies Rügen Urlaubs-GmbH & Co. KG

VORWORT VON WOLFGANG LINK

LIEBE LESER UND GENIESSER,

Kochbücher gibt es wie Sand am Ostseestrand. Jetzt aber gibt es unser Kochbuch »Paradies Rügen«. Eine kleine Hommage an die Trauminsel Rügen, die mir sehr ans Herz gewachsen ist.

Jedes Land, jede Region hat typische Gerichte und Getränke. Essgewohnheiten und regionale Besonderheiten können uns auf wunderbare Weise zusammenbringen. Dafür habe ich dieses Buch geschrieben.

Ich habe über den Tellerrand geschaut – auf die Insel, die Menschen und ihre Traditionen. »Über den eigenen Tellerrand schauen« heißt hier so viel wie genau hinsehen, was auf der Insel Usus ist, und erkennen, warum die traditionelle Rügener Küche so beeindruckend ist. Bei meinen Rezeptkreationen habe ich besonders Wert auf spannende Geschmacks-erlebnisse mit Zutaten aus der Region gelegt. Ich denke, es wird deutlich, dass es mir eine Herzensangelegenheit war und mir viel Spaß gemacht hat, mich neugierig und kreativ mit dieser faszinierenden Insel zu beschäftigen, zu erfahren, wie Menschen hier kochen und genießen.

Wenn Sie jetzt die Rügener Küche probieren und ein wenig davon mit nach Hause nehmen können, hat diese wun-derschöne Entdeckungsreise der Insel einen krönenden Abschluss gefunden.

Ich wünsche eine spannende Entdeckungsreise mit viel Genuss!

Ihr Wolfgang Link
Rügen-Freund und Buchautor

INSEL-
PARADIES
RÜGEN

Rügen ist Deutschlands größte Insel und für viele auch

die schönste. Beeindruckende und ausgesprochen viel-

fältige Natur – zu Wasser wie zu Land –, eine bis heute

erfahrbare Geschichte bis zurück in die Eiszeit,

ursprüngliche Dörfer und Städte, in denen auch heutzutage

noch eine bewegte Vergangenheit sichtbar ist. All das in

einer über Jahrhunderte, gar Jahrtausende gewachsenen

Kulturlandschaft. Rügen ist einfach einmalig!

DIE INSEL – FAKTEN UND HISTORIE

Rügen liegt in der Ostsee, im äußersten Nordosten Deutschlands, vor der Hansestadt Stralsund, die deutsch-polnische Grenze fast in Sichtweite. Mit einer Fläche von gut 900 Quadratkilometern ist Rügen Deutschlands größte Insel.

Abgetrennt vom Festland bei Stralsund durch den an seinen engsten Stellen nur einen Kilometer breiten Strelasund, ragt die Insel etwa 50 Kilometer weit nach Norden in die Ostsee. Die größte Ausdehnung Rügens von Ost nach West beträgt etwa 40 Kilometer, doch kein Ort auf der Insel liegt weiter als 8 Kilometer vom Wasser entfernt.

GEOGRAFIE UND GEOLOGIE

Die Landmasse von Rügen entstand während der letzten Eiszeit. Die gewaltigen Gletscherströme schoben Gestein zu Hügelketten auf. Die ältesten Inselteile, die sogenannten Inselkerne, sind solch eiszeitlichen Ursprungs, sie ragen teilweise noch heute hoch auf.

Der größte Teil der Insel entstand um die Höhenzüge in der Region Bergen, Putbus, Garz und Gingst. Diese Landmasse bildet die heutige Hauptinsel. Durch Bodden und Wieken getrennt schließen sich daran die vier Halbinseln an – ebenfalls in ihrem Kern aus voreiszeitlichem Gestein gebildet. Zu ihnen gehören auch die markanten weißen Kreidefelsen im Norden der Insel, die Wissower Klinken, der Königsstuhl und Kap Arkona.

Jüngere Teile der Insel entstanden nacheiszeitlich durch die stetige Arbeit von Wasser, Wind und Wetter: Es lagerte sich im Flachwasser, der Strömung folgend, Sand an. Diese Sandbänke vergrößerten und verlängerten die Inselkerne in verschiedene Richtungen, bildeten Neuland und auch die Verbindungen zwischen den Inselkernen – es entstanden die charakteristischen Sandhaken, Nehrungen und Brackwasserseen (s. S. 14).

Nationalpark Jasmund: Die natürliche Erosion lässt nach und nach Felsküste abbröckeln und Bäume ins Wasser stürzen.

Bis heute und weiterhin verändert sich die Küstenlinie der Insel Rügen stetig. Mal langsam und kaum sichtbar wie etwa am großen Sandhaken »Bug« im Nordwesten der Insel, mal plötzlich und dramatisch wie bei den kleineren oder größeren Küstenabbrüchen im Norden der Insel. Beispiel für einen massiven Abbruch sind die Wissower Klinken, wo im Februar 2005 die beiden Hauptzinnen der Kreideformation, insgesamt etwa 50.000 Kubikmeter Kreide, in die Ostsee stürzten. Rügen verlor dadurch eines seiner markanten Wahrzeichen. In den Jahren 2008 und 2010 erfolgten weitere große Kreide- und Steiluferabbrüche.

StrandResort
RexRugia

Urlaub auf Rügen

Wie zu Hause – nur direkt am Strand!

Buchen Sie Ihren Traumurlaub auf der Sonneninsel Rügen

+ Moderne Wohnungen von 44 m² bis 78 m²
+ 100 Meter vom Strand entfernt
+ Aktiver Urlaub auf der Insel Rügen
+ ca. 85.000 m² großes Areal

Sie möchten eine Ferienwohnung erwerben?

Es enstehen weitere Ferienwohnungen im StrandResort RexRugia.

Nehmen Sie Kontakt mit uns auf uns lassen Sie sich beraten!

🌐 www.rexrugia.de   📞 01573 56 90 001   ✉ info@rexrugia.de

sehnsucht

nach

RÜGEN

Das private 4-Sterne Hotel liegt auf der Halbinsel Mönchgut mitten im Biosphärenreservat Süd-Ost-Rügen. Hier wohnen Sie im Herzen der unberührten Natur und sind in wenigen Schritten an einem der schönsten Ostseestrände, die Rügen zu bieten hat. Die acht Häuser des Fürst Jaromar fügen sich harmonisch in die Landschaft der Halbinsel ein und sind umgeben von 8.800 Quadratmeter parkähnlicher Landschaft. Die Hotelappartements und Ferienwohnungen sind modern und komfortabel eingerichtet. Der ca. 600 m² große Wellnessbereich bietet Ihnen neben einem Tageslicht beleuchtetem Pool auch verschiedenen Saunen an. Der Freiluftgarten mit Außendusche und Strandkörben lädt zum Verweilen ein.

FÜRST JAROMAR
★★★★
Hotel Resort & Spa

»Fürst Jaromar« Hotel Resort & Spa
Telefon 03 83 08 / 3 4-5
www.jaromar.de

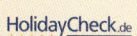

»Fürst Jaromar« Hotel Resort & Spa • Vera und Lutz M. Stenschke GbR • Ostseebad Thiessow • Hauptstraße 1 • 18586 Mönchgut

CHARAKTERISTISCHE LANDSCHAFTSFORMEN

INSELKERNE: Rügen besteht aus der großen Hauptinsel mit der Inselhauptstadt Bergen, die im Süden an den Strelasund und damit an das Festland angrenzt, sowie aus vier Halbinsel-kernen: Wittow im Nordwesten, Jasmund östlich, anschlie-ßend ganz im Osten die Granitz und schließlich im Südosten Mönchgut.

STEILKÜSTEN: Diese befinden sich im Norden der Insel, sind gebildet aus aufgeschobenem voreiszeitlichem Kreidegestein.

BODDEN: Als Bodden werden die flachen Lagunen Rügens bezeichnet, die nur über schmale Flutrinnen mit der Ostsee verbunden sind.

WIEKE: Viele Buchten in der Ostsee tragen den Namen Wiek, was so viel wie kleine Bucht bedeutet. Oftmals liegen diese Buchten innerhalb eines Boddens. Häufig tragen auch die dort liegenden Orte die Bezeichnung Wiek im Namen (auf Rügen z. B. Mursewiek, Ralswiek, Wiek auf Wittow).

SANDHAKEN UND NEHRUNGEN: Als Sandhaken bezeichnet man die durch Strömung des Meerwassers entstehende fingerartige Verlängerung von Festland durch aufgehäuften Sand und Meeresboden. Bildet sich ein Sandhaken am Ende einer Bucht, kann er mit der Zeit bis nah an das andere Ende der Bucht hinwachsen, sie sogar komplett abschließen. Auf Rügen wurden aus Sandhaken durch Anschluss an einen benachbarten Inselkern Landverbindungen (z. B. die Schaabe, die die Inselkerne Wittow und Jasmund verbindet, oder die Schmale Heide, die Jasmund mit Granitz verbindet).

BRACKWASSERSEEN: Innerhalb von Nehrungen entstehen Lagunen, in denen das Wasser weniger salzhaltig ist als das Meerwasser, aber salzhaltiger als Süßwasser. Es wird als Brackwasser bezeichnet. Sowohl der Große wie auch der Kleine Jasmunder Bodden sind Brackwasserseen.

KLIMA

Auf Rügen gab es, zumindest bis zum Ende der 2000er-Jahre, regelmäßig einen feuchten, kühlen Frühling, einen zum Teil heißen Sommer, einen milden Herbst und einen langen kalten Winter.

Rügen gilt als einer der Orte in Deutschland mit der höchsten Anzahl an Sonnenstunden. Bereits im April und Mai ist die Sonne durchschnittlich sechs Stunden am Tag zu sehen. Die sonnigsten Monate sind der Juni und Juli.

Gleichzeitig sind die sonnenreichsten Monate aber auch die niederschlagsreichsten. Dies ist vor allem der hohen Zahl an Sommergewittern geschuldet. Über das Jahr hinweg gemittelt ist die Niederschlagsmenge auf Rügen im Vergleich mit Gesamtdeutschland relativ gering.

Was die Temperaturen angeht, ist regelmäßig der August der wärmste Monat.

Für alle Jahreszeiten gilt: Aufgrund der Meereslage ist für das Rügener Inselklima ein plötzlicher Wetterwechsel charakteristisch.

DIE INSEL HISTORISCH

3.–6. JAHRHUNDERT: Während der Zeit der Völkerwanderung ziehen die ostgermanischen Rugier nach Süden.

7.–13. JAHRHUNDERT: Die slawischen Ranen siedeln sich auf der fast entvölkerten Insel an. Die Insel Rügen ist im 12. Jahrhundert vergleichsweise dicht besiedelt. Es gibt eine Vielzahl von Weilern.

RÜGENER ORTS- UND LANDSCHAFTSNAMEN: SLAWISCHES ERBE

Die meisten Ortsnamen auf Rügen sind slawischen Ursprungs. Sie tragen beispielsweise die typisch slawischen Endungen -ow, -in und -itz, zum Beispiel die Halbinsel Wittow und Granitz, die Orte Rappin oder Sassnitz.

Auch der Uskahn (Gottesstein), das Gakower Ufer (Entenufer) und das Wissower Ufer (Hohes Ufer) sind Namen, die deutlich slawische Wurzeln haben.

1168: Der Ranenfürst Jaromar I. wird Vasall des dänischen Königs. Die Christianisierung Rügens beginnt. Dänische Klöster werden auf der Insel und im Umland gegründet.

12./13. JAHRHUNDERT: Viele Kolonisten kommen nach Rügen, angeworben, um fortschrittliche Ackerbau-, Verarbeitungs- und Veredelungstechniken auf die Insel zu bringen. Die bäuerlichen Siedler kommen hauptsächlich aus Flandern, (Nieder-)Sachsen, Westfalen, Holland und Dänemark. Die Menge an Zuwanderern wird in der Folgezeit zum kulturell prägenden Bevölkerungsteil.

MITTE DES 14. JAHRHUNDERTS: Rügen wird Gefolgsregion des Deutsch-Römischen Kaisers.

OSTSEE

Pommersche Bucht

Kap Arkona

Bergen

Stralsund

Greifswalder Bodden

ht

Rostock

Greifswald

Heringsdor

Güstrow

Anklam

Stettiner Haff

M e c k l e n b u r g -
V o r p o m m e r n

1618–1648: Im Dreißigjährigen Krieg erlebt Rügen abwech-
selnd Besetzungen, Plünderungen und Verwüstungen durch
Dänen, Schweden und Truppen des Römisch-Deutschen
Kaisers. Mit dem Ende des Dreißigjährigen Kriegs wird Rügen
offiziell Schweden zugesprochen.

Der Großteil der Rügener wird Jahrzehnte lang zur Leibeigen-
schaft gezwungen. Pestepidemien im 17. Jahrhundert dezi-
mieren die Bevölkerung drastisch.

AB 1715: Im Großen Nordischen Krieg werden die schwedi-
schen Truppen mehrfach vor bzw. auf Rügen geschlagen. Die
Insel wird für etwa fünf Jahre dänisch. Danach wird sie wieder
jahrzehntelang zum Spielball der Mächte im Ostseegebiet.

1815: Mit dem Ende der Koalitionskriege, der Niederlage von
Napoleon Bonaparte, gehört Rügen innerhalb des Deutschen
Bundes zu Preußen (Provinz Pommern).

ENDE DES 19. JAHRHUNDERTS: Um 1870 beginnt Rügens Wandel zur See-Kurinsel. Es entstehen in den Folgejahren die Ostseebäder Binz, Sellin, Göhren, Baabe, Thiessow, Breege und Altefähr.

1914–1918 – ERSTER WELTKRIEG: Die Seebäder, die noch im Juli 1914 einen Besucherrekord verzeichneten, werden von einem Tag auf den anderen geschlossen. Sassnitz wird zur Drehscheibe für den Austausch von Kriegsverwundeten mit Schweden. Die Kurheime in und um Sassnitz dienen als Übergangslager. Rügen verliert viele Einheimische durch den Krieg. Erst 1917 und insbesondere 1918 steigt die Zahl der Badegäste wieder, es handelt sich zum Großteil um Kriegsbeschädigte.

DIE 1920ER-JAHRE: Der Tourismus blüht wieder auf. Kaufleute, Industrielle, Ärzte, Juristen, Beamte, aber auch zahlreiche Künstler strömen auf die Insel.

1939–1945 – ZWEITER WELTKRIEG: Von den direkten Auswirkungen des Zweiten Weltkriegs bleibt Rügen bis kurz vor Kriegsende weitgehend verschont. Allerdings befinden sich in den Kriegsjahren viele Evakuierte auf Rügen, darunter auch Kinder der Kinderlandverschickung. Ab 1945 kommen zahlreiche Kriegsflüchtlinge und Heimatvertriebene auf Rügen an. Kurz vor Ende des Kriegs, am 6. März 1945, gibt es einen einzigen großen und verheerenden Luftangriff der Alliierten auf Sassnitz. Anfang Mai 1945 wird der Rügendamm von nach Rügen zurückweichenden deutschen Truppen gesprengt.

NACHKRIEGSZEIT BIS 1989: Rügen ist Teil der DDR. Die Großgrundbesitzer aus der Vorkriegszeit werden enteignet, das Land wird unter ansässigen Bauern und Landarbeitern aufgeteilt. Landwirtschaftliche Produktionsgenossenschaften werden – teilweise unter staatlichem Zwang – gebildet.

Im Rahmen einer groß angelegten Verstaatlichung, u. a. von Hotels und Pensionen, werden 1953 viele Hotelinhaber enteignet. Dadurch bricht der Fremdenverkehr auf Rügen vorübergehend fast völlig zusammen.

Luftaufnahme der KdF-Ferienanlage Prora: Geplant und errichtet durch die Nationalsozialisten, weitergebaut in DDR-Zeiten – heute modern weitergenutzt und in Teilen als Denkmal erhalten.

Nachdem der Freie Deutsche Gewerkschaftsbund die meisten Unterkünfte für Touristen auf Rügen erworben hat, wird die Insel für beinahe vier Jahrzehnte eines der wichtigsten Urlaubsgebiete der DDR – nicht zuletzt auch wegen der zusätzlich vorhandenen etwa 12.000 Plätze in Kinderferienlagern und der mehr als 20.000 Plätze für Campingurlauber.

AB 1990 – WIEDERVEREINIGTES DEUTSCHLAND: Rügen wird 1990 Bestandteil des Landes Mecklenburg-Vorpommern. Der vormals staatliche landwirtschaftliche Grundbesitz wird privatisiert. Intensive Viehzucht wird beendet. Die Betriebe werden kleiner, richten sich (wieder) mehr auf Ackerbau aus.

Die Öffnung für den internationalen Tourismus eröffnet zahlreiche neue Möglichkeiten

Pläne aus DDR-Zeiten zur Etablierung von Nationalparks sowie eines Biosphärenreservats werden weiterverfolgt und umgesetzt (mehr dazu ab S. 26).

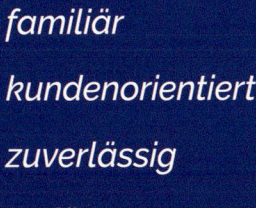

DER REIZ DER INSEL

Ganz klar, die außergewöhnliche Lage im äußersten Nord-
osten von Deutschland macht Rügen schon an sich zu einer
Besonderheit. Sie bietet Küsten-Highlights, kilometerlange
Naturstrände, jede Menge an Natur …

Doch es gibt noch so viel mehr Reizvolles auf Rügen zu
entdecken … – lassen Sie sich überraschen von der Vielfalt
der Insel.

NATUR- UND KULTURLAND-SCHAFT

Noch vor der ersten nachchristlichen Jahrtausendwende wurde die Insel von den Slawen erschlossen. Sie legten erste Siedlungen an und rodeten die dichten ursprünglichen Eichen-Ulmen-Wälder. Erst dadurch konnte sich die Buche, später ein zahlreich auf Rügen wachsender Baum, ausbreiten. Die Slawen legten Getreideäcker an, es entstanden größere Wiesenflächen.

Auch wenn diese erste slawische Kultivierung durch die landwirtschaftliche Großnutzung in der Zeit der DDR noch vergrößert und überprägt wurde, ist das Jahrtausende alte Feld- und Ackerland der charakteristische Anblick, der sich uns noch heute im Inselinneren bietet.

Die Küsten Rügens sind Hunderte Kilometer lang und ausgesprochen vielfältig. Es gibt Binnenküsten rund um die Bodden und zum offenen Meer gelegene Küsten. Letztere liegen im Nordwesten, Norden und Nordosten der Insel.

Rügen verfügt über 63 Kilometer ausgewiesene Badestrände, davon der größte Teil klassische Sandstrände. Im Sommer ein Eldorado für Wasserratten und Sonnenhungrige.

RÜGEN – OFFIZIELL SCHUTZWÜRDIG

Die einmalige Landschaft und Natur der Insel haben es mit sich gebracht, dass heute etwa 65 Prozent der Landfläche Rügens unter gesetzlichem Schutz stehen:

Es gibt

- 2 Nationalparks,
- 1 Biosphärenreservat,
- 23 Naturschutzgebiete,
- 4 Landschaftsschutzgebiete.

Darüber hinaus besitzt Rügen eine Vielzahl an geschützten Landschaftsbestandteilen (sogenannte Flächennaturdenkmale) sowie nach europäischem Recht geschützte Flächen, in denen die Pflanzen und Tiere einem besonderen Schutz unterstehen.

EXTRA TIPP

Extra Tipp für die An- oder Rückreise:
Sollte Sie der Weg durch Berlin führen, finden Sie die unglaublich leckerste Curry-
wurst Berlins bei Curry36 an 4 Standorten
in der Stadt. Von klassisch scharf über bio
bis zu veggie. Unbedingt merken!

Infos unter www.curry36.de

Bereits das Nationalparkprogramm der DDR hat die National-
parke »Jasmund« und »Vorpommersche Boddenlandschaft«
sowie das Biosphärenreservat »Südost-Rügen« beinhaltet.
Heute wird in diesen sogenannten Großschutzgebieten nicht
nur die Natur konserviert und gepflegt. Gäste wie Einheimische,
Erwachsene wie Kinder sollen auch über die Schutzziele auf-
geklärt und auf vielfältige Weise an die Natur herangeführt werden. Zu den Angeboten der Park- und Reservatsverwaltungen
gehören daher moderne Informationszentren einschließlich
informativer Wege durch die Gebiete, Ausstellungen, natur-
pädagogische Angebote sowie eine Vielzahl von Themen-
Führungen durch zertifizierte Natur- und Landschaftsführer.

NATIONALPARK JASMUND

Er ist zwar der kleinste Nationalpark Deutschlands, aber dafür ein ganz besonderer. Zwischen den beiden Weltkriegen in Teilen bereits als Naturschutzgebiet ausgewiesen, wurde das Gebiet 1954 von der DDR als solches übernommen. 1990 wurde ein Nationalparkprogramm in der letzten Ministerratssitzung der DDR beschlossen und nach der Wiedervereinigung umgesetzt.

Seit 2011 sind die Buchenwälder im Nationalpark Jasmund Teil des UNESCO-Weltnaturerbes »Buchenwälder der Karpaten und alte Buchenwälder Deutschlands«. Knapp 500 Hektar Wald, beginnend an der Küste, über die steilen Küstenhänge hinauf bis zur Hochfläche, stehen dort nun unter besonderem Schutz, dürfen und sollen als Buchen-Urwald bestehen bleiben.

NATIONALPARK VORPOMMERSCHE BODDENLANDSCHAFT

Dieser riesige Nationalpark (er ist Deutschlands drittgrößter) erstreckt sich von der Halbinsel Fischland-Darß-Zingst bis zur Halbinsel Bug an der Westküste von Rügen. Der Nationalpark besteht zu über 80 Prozent aus Wasser – Ostsee und Boddengewässer. Er schließt auf Rügener Gebiet den Vitter Bodden, den Schaproder Bodden, die Udarser Wiek, den Koselower See und den Kubitzer Bodden ein.

Die Erhaltung der dynamischen Veränderung der Küstenlandschaft durch Wind und Wellen sind eines der Markenzeichen des Nationalparks. Dünen, Sandhaken, Küstensümpfe und Strandseen werden weitestgehend der Natur überlassen bzw. schonend renaturiert. In den Uferbereichen gibt es neben zahlreichen Meeresvögeln auch riesige Seeadler zu beobachten. Beeindruckend sind auch die Kranichzüge im Frühherbst. Vor allem in den großen Flachwasserzonen um die Insel Bock, im Kubitzer Bodden und in der Udarser Wiek bei Ummanz befinden sich beliebte Kranichschlafplätze.

In Waase auf Ummanz befindet sich neben der Touristinformation eine kleine Ausstellung zum Nationalpark, dort gibt es vieles rund um die Boddenlandschaft zu lernen und im wörtlichen Sinn zu begreifen.

BIOSPHÄRENRESERVAT SÜDOST-RÜGEN

Seit 1991 gibt es das von der UNESCO anerkannte Biosphärenreservat Südost-Rügen.

Das ausgewogene Verhältnis von menschlicher Nutzung alter Kulturlandschaft und den natürlichen Kreisläufen soll die Biospährenregion erhalten und langfristig das Bestehen von naturverbundenen Wirtschaftsstrukturen, aber auch das der Natur sichern. Land und Meer sind in diesem Rügener Biosphärenreservat vereint. Es präsentiert Einheimischen wie Besuchern seine einzigartige Naturpracht genauso wie seine kulturelle Vielfalt wie z.B. Großsteingräber, mittelalterliche Kirchen, alte Dorfstrukturen und beeindruckende Bäderarchitektur an der Ostküste. Gleichzeitig werden die wirtschaftlichen Traditionen der Region, hier z. B. die der kleinen Küstenfischerei, unterstützt und bewahrt.

FINDLINGE AUF RÜGEN

Als Findling wird ein – meist einzeln liegender – Steinblock von mindestens einem Kubikmeter Größe bezeichnet, der nicht zum ortseigenen Gestein gehört, sondern durch Gletscher in seine heutige Lage transportiert wurde.

Auf Rügen befinden sich eine Menge interessanter Großfindlinge. Sie wurden durch die Eismassen der letzten Eiszeit aus Südschweden und auch von der Ostseeinsel Bornholm an ihren jetzigen Ort geschoben.

In der Jungsteinzeit errichteten die Menschen aus Findlingen Großsteingräber, die auf Rügen noch zahlreich erhalten sind (mehr dazu s. S. 30).

Unzählige große Findlinge auf Rügen gingen leider für immer verloren, weil sie noch bis ins späte 19. Jahrhundert hinein als »Steinbruch« benutzt wurden: Aus ihnen gewann man Baumaterial, etwa für Küsten- und Hafenbefestigungen, für Hausfundamente, für Pflaster- und Mühlsteine – und auch für Denk-

mäler (z. B. die Preußensäulen bei Neukamp und Groß Stresow oder der Ernst-Moritz-Arndt-Turm auf dem Rugard). Heute gelten Findlinge als erhaltenswerte Naturdenkmäler (Geotope), die Einblick in die Erdgeschichte geben. Sie sind gesetzlich geschützt.

DIE 11 GRÖSSTEN FINDLINGE AUF RÜGEN

- der Buskam bei Göhren (im Wasser)
- der Große Stein von Nardevitz
- der Findling Blandow bei Lohme (im Wasser)
- der Siebenschneiderstein nordwestlich von Kap Arkona (s. Bild)
- der Schwanenstein bei Lohme (im Wasser)
- der Uskam in Sassnitz (im Wasser)
- der Jastor in Sassnitz
- der Opferstein von Qualtitz
- der Findling Jasmund
- der Möwenstein auf der Insel Ummanz
- der Findling Svantekahs bei Glowe

Ganz oben: Die Großstein-
gräber bei Lancken-Granitz
sind eines der bedeutends-
ten Grabmale auf der Insel
Rügen.

GROSSSTEINGRÄBER

Über Tausende von Jahren bestatteten unsere steinzeitlichen Ahnen ihre Toten in Großsteingräbern. In Norddeutschland, so auch auf Rügen, werden die meisten dieser Gräber auf die mittlere bis späte Jungsteinzeit datiert.

Die Großsteingräber auf Rügen wurden aus mächtigen eiszeitlichen Steinen errichtet: Aus aufrecht stehenden großen Steinen wurden die Wände für eine oder mehrere Kammern gebildet, ggf. auch für einen Gang, sofern das Grab für mehrere Menschen gedacht war. Das Ganze wurde schließlich mit riesigen Steinen abgedeckt, danach überhäuft mit Erdreich. Die Form eines Großsteingrabs kann von rund über nierenförmig bis zu langgestreckt oder auch trapezförmig reichen.

Viele Großsteingräber auf Rügen wurden über die Jahrtausende zerstört, sei es durch natürliche Verwitterung, sei es durch menschliches Einwirken (v. a. zur Gewinnung von Baumaterial).

HÜGELGRÄBER AUF RÜGEN

Für diese Art von Gräbern ist die runde Form charakteristisch, vorgeformt durch einen weiten Kreis aus großen Steinen rund um die eigentliche Grabstelle. Die Erscheinungsform als »Hügel« entstand durch Aufschüttung bzw. Aufhäufung von Erde, Sand, Lehm, Grassoden – was auch immer verfügbar war – über dem Sarg, der von einer dicken Schicht Steine bedeckt war. Obwohl die Hochzeit der Hügelgräber in der mittleren Bronzezeit liegt, überdauerte diese Tradition offensichtlich Jahrtausende, denn auf Rügen finden sich u. a. auch Hügelgrabformationen aus der Slawenzeit (7.–13. Jahrhundert). Zwar wurde eine Unzahl von Hügelgräbern über die Jahrhunderte hinweg dem Erdboden gleichgemacht, weil sie den Ackerbauern »im Weg« waren. Dennoch zählt man auf Rügen bis heute noch mehr als 560 Hügelgräber, so steht es auf einer Tafel an den Woorker Bergen (s. S. 32).

30 Jahre Erfahrung im Zweiradbereich! Tradition und Qualität!

- Verkauf, Vermietung, Reparatur von E-Fahrrädern
- Finanzierung und Leasing möglich
- Verleih von Fahrrädern, Rollern und Zubehör
- Reparatur von Fahrrädern, Moped und Motorrädern in zwei separaten Werkstätten

- Lieferservice von Leihrädern und Reparaturen kostenlos im Raum Mönchgut und Sellin bis Seedorf
- Pannenservice

31

Zu den besterhaltenen Hügelgräbern gehören:

- der »Dobberworth« bei Sagard. Er ist mit einer Höhe von rund 10 Metern und 150 Metern Umfang das größte und eindrucksvollste Hügelgrab Rügens und stammt aus der Bronzezeit,

- das Hügelgrab »Der Himmel« im Süden Rügens, westlich von Garz – ebenfalls aus der Bronzezeit,

- die »Woorker Berge«, eine Gruppe von 14 Hügelgräbern, sechs bis acht Meter hoch, nordwestlich von Bergen, ein Gräberfeld aus der Slawenzeit (ca. 1000 n. Chr.),

- die »Schwarzen Berge« von Ralswiek, eine Gruppe von über 400 Grabanlagen aus der Slawenzeit.

RÜGENS STÄDTE

Städte auf Rügen entstanden im Mittelalter überwiegend im
nahen Umfeld von Burgen. Die an der Küste liegenden Han-
delsstädte erlebten durch die Hanse schon bald nach ihrer
Gründung einen bis zum Niedergang der Hanse (Ende 16./
Anfang 17. Jahrhundert) anhaltenden wirtschaftlichen Auf-
schwung. Die Städte im Binnenland hingegen blieben weiterhin
landwirtschaftlich geprägt. Heute fungiert die Stadt Stralsund
(59.200 Einwohner) – obwohl auf dem Festland liegend – als
Oberzentrum für die Insel Rügen. Sie ist historisch immer
schon mit der Insel verbunden. (Im Bild oben eine Karte
Rügens aus dem Ende des 19. Jahrhunderts).

Bäderarchitektur: die aufwendig restaurierte Seebrücke Sellin

DIE OSTSEEBÄDER RÜGENS

Rügen kann mit gleich fünf Ostseebädern aufwarten, alle liegen an der Südostküste der Insel: Binz, Sellin, Baabe, Göhren und Thiessow (heute Mönchgut). Sie sind traditionsreiche Orte der Bäderkultur, viele der alten Gebäude gelten als ausgewiesene prunkvolle Schmuckstücke der sogenannten Bäderarchitektur und lassen das mondäne Leben der Kurgäste ab dem Beginn des 20. Jahrhunderts mehr als nur erahnen.

Für Tagestouristen bietet sich ein Besuch der Bäder auch ohne Auto an: Mit der Schmalspurbahn »Rasender Roland« lassen sich Sellin, Babe und Göhren erreichen. Mit den Schiffen der »Weißen Flotte« kann man von Sellin über Babe und Göhren bis nach Thiessow kommen (und sogar noch weiter bis nach Lauterbach und zum Seebad Goor im Rügischen Bodden).

RÜGENS ALLEEN

Bekannt ist Rügen auch wegen seiner schönen und einmaligen Alleen. Eindrucksvoll prägen sie das Landschaftsbild und viele Ortsbilder. Sie sind Teil der Vielfalt von Rügen.

Die insgesamt 2900 Kilometer lange Deutsche Alleenstraße beginnt auf Rügen mit drei Ästen – ein Startpunkt befindet sich ganz im Norden der Insel, in Putgarten (Wittow), der zweite ist Vieregge, nördlichster Ort der Hauptinsel, der dritte beginnt auf Mönchgut, in Göhren: Nach der Vereinigung der drei Alleenstraßen-Äste in Putbus schlängelt sich die Deutsche Alleenstraße durch 10 Bundesländer bis zum Bodensee.

Leider geht es heute inzwischen vielen Alleebäumen schlecht. Einen rigiden Schnitt, um hohen und breiten Fahrzeugen Raum zu geben, Fahrbahnverbreiterungen bis unmittelbar an die Stämme heran sowie die Vergiftung mit Tausalz überstehen viele Alleebäume nicht. Sie kränkeln vor sich hin und sterben schließlich ab oder müssen gefällt werden, damit Äste oder gar der ganze Baum nicht auf die Fahrbahn fallen. Altersschwäche und Schädlinge tun ein Übriges. Die Neupflanzung von Alleen und Baumreihen ist daher seit mehr als 30 Jahren ein Schwerpunkt des Alleenschutzes.

TOURISMUS AUF RÜGEN

Rügen bietet Urlaubern jeden Alters Erholung in einer vielfältigen, dem Wasser verbundenen Natur- und Kulturlandschaft. Man kann dort Kuren, (Spaß-)Baden, Wassersport aller Art betreiben, Wandern und Fahrradfahren. Urzeitliche Geländeformationen wollen entdeckt werden, Städte erkundet, in denen Historisches mit modernen Elementen verbunden wurde, geschichtsträchtige Bauwerke, ursprüngliche Reetdach-Häuser, alte Kopfsteinpflaster-Straßen. – All das ist Rügen! Sehen Sie selbst.

WEGE AUF DIE INSEL

Der Rügendamm verbindet die Insel seit 1936/37 mit dem deutschen Festland (Stralsund). Er war bis in die 2000er-Jahre hinein die einzige Verbindung, über die Rügen mit Auto und Bahn erreicht werden konnte (s. Bild).

Mit der neuen Rügenbrücke erhält die Insel Rügen 2007 eine zweite Anbindung.

Eine weitere Möglichkeit, auch mit dem Auto, Wohnwagengespann oder Wohnmobil, auf Rügen zu gelangen (bzw. von Rügen weg), sind Fähren.

- Sassnitz – Ystad: Seit Herbst 2020 besteht eine Schnellfähr-Verbindung zwischen Rügen und Südschweden mit einer Fahrzeit von nur etwa 2,5 Stunden. Das ermöglicht sogar Kurzausflüge von Rügen nach Schweden. Betrieb ist von April bis Oktober. Die mehr als 100 Jahre lang bestehende Fährverbindung – die sogenannte Königslinie – von Sassnitz nach Trelleborg wurde zu Beginn der Saison 2020, u. a. aufgrund der Auswirkungen der Coronapandemie, eingestellt.

EXTRA TIPP

Wohnen am Strand: Eine ganz besonders schöne Wohnanlage für anspruchsvolle Rügen-Besucher bietet das StrandResort RexRugia in Lobbe auf der Halbinsel Mönchgut. Finden Sie Ihr Urlaubsdomizil in einer der komfortablen 2-, 3- und 4-Raum-appartements in bester Lage auf der Insel Rügen, nur wenige Gehminuten zum Bade-strand, zu dem ein separater Zugang führt.

Informationen unter 038308/3417-0, info@rexrugia.de

EXTRA TIPP

Etwas ganz Besonderes: Segeltörns für Alt und Jung mit der Segelyacht »Feenja« ab Hafen Schaprode vor der kleinen Schwesterinsel Rügens: Hiddensee. Die Tagestörns von ca. 8 Uhr an führen Sie auf dem Seeweg einmal um die gesamte Insel Hiddensee herum. Im Norden mit überwältigender Aussicht auf die rote Steilküste mit dem Wahrzeichen der Insel – dem Leuchtturm Dornbusch –, an der West-küste und an dem endlosen weißen Sand-strand mit möglichem Badestopp vorbei und dem Natur- und Vogelschutzgebiet an der Ostseite.

Die Segelyacht bietet dabei ausreichend Komfort und Platz für bis zu 8 Personen. (Grundriss finden Sie auf der Internetseite www.surfen-auf-ruegen.com). Sollte Ihnen ein Tagestörn zu lang erscheinen, gibt es auch einen kurzen Ausflug auf die offene Ostsee in 4 Stunden als Halbtagestörn.

Wenn Sie das einzigartige Licht und einen romantischen Sonnenuntergang auf dem Wasser vor der Insel Hiddensee erleben möchten, wählen Sie den Sunset-Segeltörn für 2 Stunden. Die Törns finden je nach Buchung und Wetter täglich von April bis September statt. Informationen unter:

Surfschule Wikingsurf - Spot Schaprode, Telefon: 0176/81080753, www.surfen-auf-ruegen.com

- Deutsches Festland – Rügen: Eine offene Autofähre legt im östlich von Stralsund gelegenen Stahlbrode ab und in Glewitz auf Rügen an – eine romantische Alternative zur Brückenüberfahrt. Die Fahrzeit beträgt ca. 15 Minuten. Pendelverkehr ist zwischen April und Oktober. Betreiber ist die Weiße Flotte mit Sitz in Stralsund.

- Rügen – Rügen: Die Weiße Flotte betreibt auch die Wittower Fähre, die den Süd- mit dem Nordteil der Insel, das Muttland mit Wittow, verbindet. Dort, am Meeresausgang des Jasmunder Boddens sind die beiden Inselteile nur 350 Meter voneinander entfernt – doch es gibt keine Brücke. Fährbetrieb gilt ganzjährig im Pendelverkehr. Daneben gibt es viele kleine Fährverbindungen, mit denen sich Fußgänger und Fahrrad-fahrer weite Umwege um die Binnenge-wässer ersparen (s. Bild).

ATTRAKTIONEN DER INSEL

Rügen hat für jeden was zu bieten – hier folgt eine Auswahl an interessanten Inselattraktionen nach Zielgruppen sortiert.

FÜR NATURLIEBHABER

* Neben den beiden Nationalparks, dem UNESCO-Weltnatur-erbe »Buchenwälder« sowie dem Biosphärenreservat gibt es reichlich naturnahe Boddenküste, kilometerlange Ostseestrände und wunderschöne Kreidefelsen zu entdecken.

* In vielen Regionen Rügens gibt es Meer- und Landvögel zu beobachten – von ganz klein bis mächtig groß.

* Waldbegeisterte können neben den geschützten Buchenwäldern auch Küstendünen-Kiefernwälder sowie Erlenbruchwälder in den dauerfeuchten Rügener Mooren durchwandern.

* Etwa 120 geschützte Geotope (Findlinge, Hakenbildungen, Trockentäler, Kliffs) wollen erkundet werden.

FÜR GROSSE UND KLEINE ALTERTUMS-FORSCHER

* Großsteingräber und Hügelgräber
* Feuersteinfelder zwischen Mukran und Prora
* Slawenburg auf dem Rugard
* Hauptheiligtum der Slawen am Kap Arkona
* Slawischer Burgwall bei Garz

FÜR HOBBY-HISTORIKER

* Restauriertes Zisterzienserinnenkloster in Bergen
* Guts- und Herrenhäuser (Schlösser)
* Verschiedene Museen, die Einblick in das frühere Leben der Handwerker, Bauern und Fischer bieten

FÜR FAMILIEN

- Ferien auf dem Bauernhof, Camping-Urlaub, Ferienhaus-Urlaub
- Strand- und Badevergnügen vielerorts
- Fahrradfahren (etwa 250 km gepflasterte Radwege ziehen sich über die gesamte Insel)
- Baumwipfelpfad (Naturerbezentrum Prora)
- Kletterwald Rügen-Stralsund (Altefähr)
- Sand-Skulpturen-Ausstellung Prora
- Historische Schmalspurbahn »Rasender Roland«
- Museumsschiff Küstenfrachter Luise in Göhren
- Haus »Kopf Über« (Putbus) – eine spannende Herausforderung für den Gleichgewichtssinn: Auch im Inneren befindet sich eine auf den Kopf gestellte Welt, die zudem noch horizontal wie vertikal geneigt ist

FÜR BADELUSTIGE UND WASSER-SPORTLER

- Die Schaabe, Rügens längster Sandstrand
- Der Sandstrand Schmale Heide
- Vielfältige Wassersportmöglichkeiten: Segeln, Surfen, Kite-Surfen, Stand-up-Paddling

FÜR KULTURLIEBHABER

- Putbus Stadttheater: Spielstätte des Theaters Vorpommern
- Störtebeker-Festspiele auf der Freilichtbühne in Ralswiek
- Nationalpark-Theater am Königsstuhl
- Festspiele Mecklenburg-Vorpommern, eines der größten Klassikfestivals Deutschlands (Festspiel-Frühling Rügen mit Spielstätten nur auf der Insel, Festspiel-Sommer mit mehreren Konzerten auf Rügen)
- Museen, Galerien, Ausstellungen, Ateliers an verschiedenen Orten

FÜR ARCHITEKTUR-FANS

- Putbus: eindrucksvolle klassizistische Stadtanlage (s. Bild)
- Bäderarchitektur: Badehäuser, Hotels, Villen, z. B. in Sassnitz, Binz, Göhren, Sellin
- Prunkstück der Bäderarchitektur: die Seebrücke Sellin
- Traditionelle Häuser mit Reetdächern
- Rügenbrücke und Rügendamm
- Prora: denkmalgeschütztes Mega-Bauwerk der Nationalsozialisten, weitergebaut in der DDR-Zeit, nie vollendet

FÜR LAND-SPORTLER

- Ein großes regionales Fahrradwege-Netz; die letzten beiden Etappen des Radfernwegs Hamburg – Rügen
- Zahlreiche örtliche Wanderwege; ein Teilstück des Fernwanderwegs E10 Finnland
- Kap-Arkona-Lauf (jährliche Veranstaltung; 10-Kilometer und Halbmarathon)
- Rügenbrücken-Marathon (Marathon, Halbmarathon, 12- und 6-km-Distanz – wahlweise auch als Walker –, spezielle Kinderlauf-Distanzen)
- Tour d'Allee: Boddenrunde auf dem Fahrrad (jährliche Veranstaltung; 125 km, 75 km, 45 km)

RÜGEN
AKTUELL

DAS GROSSPROJEKT AM KÖNIGSSTUHL – DIE SCHWEBE-BRÜCKE

Küstenabbrüche, aber auch der Schutz der empfindlichen Kreideküste sind der Hintergrund, vor dem – nach jahrelanger Planung – 2011 das Projekt für einen neuen Zugang zum Königsstuhl auf den Weg gebracht wurde.

So war etwa die Holztreppe, die unweit des Königsstuhls zum Strand hinunterführte, ab 2016 wegen Beschädigung und der Gefahr von Steinschlag durch Kreidefels-Abbrüche gesperrt. Sie wurde kurz darauf abgebaut.

Darüber hinaus wurde mehr und mehr offensichtlich, dass das Hügelgrab (Königsgrab) auf der Stubbenkammer ein nicht mehr lange zu erhaltenes Nadelöhr darstellt. Diese Stelle, an der über große Granitstufen der Aufstieg zum Königsstuhl beginnt, wird durch Winderosion ständig instabiler.

Die alte Aussichtsplattform auf dem Königsstuhl wird daher bis 2022 durch eine schlaufenartige Schwebebrücke ersetzt, aufgehängt an zwei Abspannmasten, die auf dem Gelände des Nationalpark-Zentrums Königsstuhl eingepfählt sind.

Das Bauvorhaben Königsweg: Neue Perspektiven in die Tiefe entdecken und Jasmunds Kreideküste neu erleben

(Visualisierung: NZK-Liebnau, © Nationalpark-Zentrum Königsstuhl)

Die neue Schwebebrücke wird es für die Besucher auf einem 185 Meter langen Rundweg möglich machen, die Kreideküste von oben aus verschiedenen Perspektiven zu betrachten: ein großartiges Beispiel für modernen, nachhaltigen Tourismus, der Kreidefelsen und Nationalpark nah erleben lässt und gleichzeitig die sensible Natur entlastet.

Grundsteinlegung für den Trägermast, an dem das Brückenkonstrukt aufgehängt wird, war Ende August 2021. Das erste Brückenteil wurde Ende September 2021 in einem Stralsunder Stahlwerk gefertigt, das in den folgenden Monaten auch alle übrigen Brückenteile herstellen wird.

Die schwebende Brückenschleife wird in Summe etwa 90 Meter lang sein, dabei etwa 70 Meter Richtung Küste auskragen. Die Planungen sehen eine Eröffnung im Sommer 2022 vor. Die alte Plattform ist (Stand der Drucklegung dieses Buchs) noch bis Ende April 2022 geöffnet.

Schon seit Projektbeginn informiert das Nationalpark-Zentrum Königsstuhl ausführlich – vor Ort wie auch im Internet – über das spannende »Projekt Königsbrücke«.

An der Spitze des Königswegs kann man die beliebte Victoria-Sicht weiterhin genießen und durch die Baumkronen und über Jasmunds einzigartige Kliffhangwälder zurückspazieren.

(Visualisierung: NZK-Liebnau, © Nationalpark-Zentrum Königsstuhl)

RÜGEN IM WINTER – BERNSTEIN SELBST SUCHEN

Im späten Herbst haben die meisten Touristen die Insel verlassen. Selbst am Strand kann man nun einsame Momente – gar Stunden – genießen. Kein Wunder, ist doch die Herbst- und Winterzeit auch für Outdoorfreaks eine recht ungemütliche Angelegenheit. Häufig weht eine steife kalte Brise, die Durchschnittstemperaturen liegen bei weit unter 10 Grad Celsius, das Meer zeigt sich von seiner rauen Seite und ist oft aufgewühlt.

All das ist bestes Wetter für Bernsteinsucher. Jetzt machen sich die professionellen einheimischen, aber auch zahlreiche Hobbybernsteinsucher auf die Suche nach dem berühmten »Gold des Nordens«.

Bernstein ist ein seit Jahrtausenden bekannter hellgelb-klarer, bis dunkel-gelb-undurchsichtiger, manchmal sogar schwarzer »Stein«. Die Bezeichnung »Stein« ist etwas verwirrend, denn bei Bernstein handelt es sich nicht um ein Mineral. Bernstein ist das »versteinerte« Harz mindestens 10.000 Jahre alter Bäume. Die meisten heute an der Ostsee zu findenden Bernsteine stammen von Nadelbäumen, die vor 30 bis 40 Millionen Jahren im Gebiet der heutigen Ostsee wuchsen.

Bereits in vorchristlicher Zeit wurden dem Bernstein heilende Kräfte zugeschrieben: Man glaubte, er könne Krankheitserreger anziehen und unschädlich machen, vor Fieber schützen, gar dämonenabwehrend wirken.

Im Mittelalter vertrat z. B. Hildegard von Bingen die Meinung, Bernstein helfe u. a. gegen Magenbeschwerden und Blasenkrankheiten. Sogar gegen die Pest sollte Bernstein helfen.

Esoteriker schätzen noch heute Bernstein als Mittel, das Ängste nimmt und Lebensfreude schenkt, wenn man es lange auf der Haut trägt, außerdem Babys das Zahnen erleichtert.

Wer auf Rügen selbst nach Bernstein suchen möchte, wird am ehesten an den flachen östlichen Strandabschnitten fündig: zwischen Göhren und Sellin, zwischen Binz und Mukran sowie rund um Glowe. Lohnend ist nicht nur die Suche am Strand, sondern auch das Keschern in der Meeresbrandung (s. Bild).

Grundregel für Bernsteinsucher: Immer zu zweit ins Wasser gehen, alleine ist es zu gefährlich, denn bei abflauendem Sturm gibt es immer starke Strömungen vom Land weg.

IST MEIN FUNDSTEIN WIRKLICH EIN BERNSTEIN?

Das können nach ihrem Beutezug auch Laien leicht herausfinden, sobald die Steine trocken sind. Ein echter Bernstein

- schimmert matt,
- ist leichter als ein Stein gleicher Größe,
- fühlt sich wärmer an als Stein,
- setzt bei Erwärmung einen charakteristischen Geruch nach Harz bzw. nach Kiefernnadeln frei,
- lässt sich durch Reibung an einem Fell/an Wolle elektrisch aufladen und zieht dann Haare und Staubpartikel an,
- schwimmt in Salzwasser oben (170 Gramm Salz auf 1 Liter Wasser), geht jedoch in Süßwasser unter.

RÜGEN KULINARISCH

Was wäre ein Urlaub ohne traditionelles, regionales Essen – sind wir ehrlich: nur ein halber Urlaub! Die Liebe zu Rügen muss unbedingt auch durch den Magen gehen. Denn Rügen ist durchaus eine Insel für Genießer. Deftige Ackerzutaten wie Kartoffeln, Kohl und Rüben sowie Fisch und Fleisch von Nutztieren der Insel werden seit Jahrhunderten im Wechsel der Jahreszeiten einfach und bodenständig – und dabei äußerst schmackhaft – zubereitet.

TRADITIONELLE PRODUKTE

Rügen bedeutet Meer – bewegte Ostsee –, die Inselteile umschließen gleichzeitig aber auch riesige Flächen an ruhigem Binnen-Boddenwasser. Fische aller Art sind daher seit jeher ein Grundnahrungsmittel auf Rügen. Dazu gehören Aal, Barsch, Dorsch, Hering, Hecht, Hornfisch (Hornhecht), Flunder, Meeräsche, Meerforelle, Scholle, Steinbutt und Zander.

Doch Rügen hat mit seinen Inseln und Halbinseln auch jede Menge an fruchtbaren Ackerböden zu bieten – seit Jahrhunderten, gar seit Jahrtausenden. Die günstigen klimatischen Bedingungen und die weitflächigen Anbauflächen auf der Insel stellen ideale Bedingungen für den Ackerbau dar. So konnte sich z. B. die nördlichste Rügeninsel Wittow über Jahrhunderte hinweg zur Kornkammer Rügens entwickeln. Hier wachsen bis heute die Grundzutaten für Rügener Back- und Teigwaren. Auch Kohl war über lange Zeit dort eine wichtige Ackerfrucht.

Es gibt auf der Insel neben Fisch auch viele andere regionale Spezialitäten zu entdecken, von Wild über Fleisch von Tieren, die auf Salzwiesen weiden, bis hin zu einheimischem Spargel, Wildfrüchten und -kräutern.

Regionale Fischerei und traditionelle Landwirtschaft brachten Jahrhunderte lang das meiste Essen auf den Tisch der Rügener.

Eine DDR-Briefmarke aus der Mitte der 1960er-Jahre.

REGIONALE PRODUKTE HEUTE – VIELFÄLTIG, HOCHWERTIG

Getreide, Obst und Gemüse, Fleisch und Wurst, Molkereiprodukte und selbstverständlich eingelegter und geräucherter Fisch – all das gibt es aus eigener Inselproduktion. Damit Sie das rasch und einfach erkennen können, wurde die Marke »Original Rügen Produkt« etabliert.

Zu den gelabelten Produkten zählen

- Nudeln aus Rügener Getreide
- Eier und Geflügel
- Wildbret aus Rügens Wäldern
- Produkte aus Sanddorn und anderen Wildfrüchten bzw. Beeren
- Säfte, Fruchtaufstriche und Chutneys
- Heimischer Honig
- Obstessig, Fruchtsäfte und -weine, Liköre und Brände
- Rügener Rapsöl

Diese Aufzählung erhebt keinen Anspruch auf Vollständigkeit, sie soll lediglich die Vielfalt an regionalen hochwertigen Lebensmitteln verdeutlichen – vieles davon wird übrigens in Bio-Qualität produziert.

DAS MARKENZEICHEN FÜR KULINARISCHE TRADITION

Das Konzept der Regionalen Esskultur, im Logo »Regionale Eßkultur« wurde 1995 in Südost-Skåne in Schweden und auf der dänischen Insel Bornholm gemeinsam entwickelt und eingeführt. Ziel sollte die Unterstützung lokaler Produzenten sowie ein Netzwerk dieser mit Hofläden, Verarbeitern und Restaurants sein.

Schon bald weckte das Projekt auch bei Unternehmen und Behörden in den angrenzenden Regionen großes Interesse und begann sich auf ganz Europa auszudehnen.

Mit dem Logo »Regionale Eßkultur Rügen« – neu: »Regionale Esskultur Vorpommern-Rügen« – präsentieren sich heute etwa 20 Rügener Unternehmen – regionale Produzenten, Hofläden und Restaurants – mit leckeren Inselprodukten, die durch den Magen gehen, sowie mit daraus zubereiteten regionaltypischen Gerichten.

DAS SOLLTEN SIE AUF RÜGEN UNBEDINGT PROBIEREN – SAGEN RÜGANER:

- Klassisches Bauernfrühstück (gebratene Kartoffeln mit Eiern und Speck)
- Rügener Aalsuppe
- Eingelegter Hering (Bismarckhering)
- Spargel von der Halbinsel Ummanz
- Hornfisch/Hornhecht mit Rhabarber
- Kohlsuppe mit Rügener Lammfleisch
- Wildschweinbraten mit Rotkohl
- Zwetschen un Klüt (gekochte Zwetschgen in Fruchtsauce mit Mehlklößchen)
- Rote Grütze

Weitere bodenständige Rügener Gerichte sind Kochfisch, Schmoraal, Kohleintopf, Senfeier, Räucherfisch, Falscher Gänsebraten (gefüllter Schweinerippenbraten), Hirschrouladen (Granitzer Spezialität), Graue Klöße (Kartoffelklöße mit Zwiebel-Speck-Sauce)

RÜGENER KÜCHE FÜR ZUHAUSE

Smeckt di dat Eten? –
Schmeckt Dir das Essen?
Das ist eine sehr wohlge-
meinte Frage der Einhei-
mischen, während man ein
Rügener Traditionsgericht
verspeist.

Auf Rügen zu essen und zu trinken, das ist Genussreise zwischen bodenständiger Insel-Tradition und modernen Gerichten, zubereitet aus den vielfältigen, weitestgehend naturbelassenen Produkten der Insel Rügen.

Wir stellen Ihnen auf den vielen folgenden Seiten Gerichte vor, die die Rügener Esskultur auch zu Ihnen bringen können – ob Sie sich nun als Rügen-Fan zuhause oder in Ihrer Ferienwohnung auf der Insel befinden.

Alle Rezepte sind leicht nachzukochen, mit Zutaten, die typisches Rügen-Flair verbreiten. Bedienen Sie sich an allem, was Sie – auch in Ihrer Heimatregion – regional und saisonal bekommen. Ergänzen Sie Ihren Einkaufskorb ggf. durch hochwertige Fisch- und Fleisch-Zutaten.

Viel Freude beim Kochen und einen guten Appetit!

Der Geschmack
der Insel

**5€, wenn du mich
aufmachst, wirklich!**

...und wehe, das stimmt nicht...

LOBBE
Walfisch

BAABE
Strandstraße

MUKRAN
Feuersteinfelder

GLOWE
Alte Feuerwehr

RÜGENER REZEPTE

Holen Sie sich ein Stück Rügen nach Hause. Die Liebe zur Insel geht unbedingt auch durch den Magen. Hier stellen wir Ihnen ein Potpourri an Gaumenfreuden vor, inspiriert von der vielfältigen Küche Rügens – so lässt es sich zurückträumen in den letzten Urlaub, so können Sie sich vorausfreuen auf Ihre nächste Auszeit auf der Insel.

GEMÜSE-SCHICHTSALAT MIT KICHERERBSEN

Für 2 Personen, Zubereitungszeit: 20 Minuten + 30 Minuten Ziehzeit

Die Kichererbsen in ein Sieb geben, mit kaltem Wasser abspülen und abtropfen lassen. Das Basilikum waschen, trocken tupfen und die Blättchen abzupfen. Die Frühlingszwiebeln putzen, waschen und in feine Ringe schneiden.

Die Tomaten waschen und halbieren oder vierteln. Die Paprikaschote putzen, waschen und würfeln. Den Feldsalat verlesen, waschen und trocken schleudern. Die Möhre und die Rote Bete schälen und in feine Streifen reiben.

Alle vorbereiteten Zutaten in die vorbereiteten Schraubgläser schichten, zuunterst die Kichererbsen, ganz oben den Feldsalat.

Für das Dressing Zitronensaft, Honig, Salz, Pfeffer, Chili, Paprikapulver und Olivenöl verrühren. Kräftig abschmecken. Die Marinade auf die Gläser verteilen. Mit dem Sesam bestreuen und ca. ½ Stunde ziehen lassen.

200 g Kichererbsen
(aus der Dose)
1 Bund Basilikum
½ Bund Frühlings-
zwiebeln
100 g bunte Kirsch-
tomaten
1 gelbe Paprika-
schote
50 g Feldsalat
1 Möhre
1 Knolle Rote Bete
1 EL Sesam
2 EL Zitronensaft
1 TL Honig
Salz, Pfeffer
Chilipulver
Paprikapulver rosen-
scharf
4 EL Olivenöl

Außerdem:
2 Schraubgläser
(à 400–450 ml)

BROKKOLISALAT MIT APFEL

Für 2 Personen, Zubereitungszeit: 20 Minuten

Den Brokkoli putzen, waschen, in kleine Röschen teilen und in gesalzenem Wasser ca. 6 Minuten garen. Herausnehmen und mit kaltem Wasser abschrecken.

Den Apfel waschen, vierteln und das Kerngehäuse herausschneiden. Die Viertel in kleine Stücke schneiden. Die Zwiebel schälen, halbieren und in dünne Scheiben schneiden. Brokkoli, Apfel, Zwiebel und Cranberrys mischen. Die Pistazien aus der Schale lösen.

Himbeeressig, Wasser, Salz, Pfeffer, Rohrzucker und Öl verrühren. Das Dressing abschmecken, über den Salat geben und untermischen. Mit den Pistazien bestreuen und servieren.

500 g Brokkoli
Salz
1 Apfel (z.B. Boskoop)
1 rote Zwiebel
30 g getrocknete
    Cranberrys
50 ungesalzene
    Pistazien
1 EL Himbeeressig
2 EL Wasser
Salz, Pfeffer
1 Prise Rohrzucker
1 EL Rapsöl

RÜGENER KARTOFFELSALAT

Für 2 Personen, Zubereitungszeit: 55 Minuten

Die Kartoffeln waschen und mit Schale in kochendem Wasser 20–25 Minuten kochen. Die Zwiebel schälen und in Würfel schneiden. Öl in einem Topf erhitzen und die Zwiebel darin andünsten. Senf und Brühe dazugeben und aufkochen lassen. Essig und Schinken dazugeben. Die Marinade mit Salz und Pfeffer kräftig würzen.

Die Kartoffeln abgießen, abschrecken, pellen und in grobe Würfel schneiden. Die Kartoffeln in die Brühe geben und mindestens 20 Minuten durchziehen lassen.

Die Frühlingszwiebeln putzen, waschen, schräg in feine Ringe schneiden und zum Salat geben. Mit Salz, Pfeffer und Süßungsmittel abschmecken. Den Kartoffelsalat warm oder kalt servieren.

500 g festkochende
  Kartoffeln
1 kleine Zwiebel
2 EL Sonnenblu-
  menöl
1 TL mittelscharfer
  Senf
175 ml Gemüse-
  brühe
2 EL Weißweinessig
40 g gewürfelter
  roher Schinken
Salz, Pfeffer
½ Bund Frühlings-
  zwiebeln
1 Prise Süßungsmit-
  tel Ihrer Wahl

MEDITERRANER SALAT MIT RÜGENER BIO-NUDELN

Für 2 Personen, Zubereitungszeit: 25 Minuten + Durchziehzeit

Die Nudeln in gesalzenem Wasser nach Packungsanleitung bissfest kochen. Abgießen, kalt abschrecken, gut abtropfen und erkalten lassen.

Die Tomaten waschen, halbieren oder vierteln. Das Basilikum waschen, trocken schütteln, die Blättchen abzupfen und grob hacken. Die Nudeln in eine Schüssel geben. Tomaten, Mozzarella und Basilikum untermischen.

Das Pesto mit dem Olivenöl, Essig, Salz und Pfeffer verrühren. Zu dem Salat geben und alles gut vermischen. Den Salat mindestens 1 Stunde ziehen lassen.

TIPP: Pesto selbst machen! Dazu brauchen Sie: 20 g Pinienkerne, 50 g Basilikum, 1 Knoblauchzehe, 70 ml Olivenöl, 25 g frisch geriebenen Parmesan und Salz. Dann die Pinienkerne in einer beschichteten Pfanne ohne Fett rösten. Herausnehmen und abkühlen lassen. Das Basilikum waschen, gut trocken tupfen und die Blättchen abzupfen. Den Knoblauch schälen und grob würfeln. Basilikum, Knoblauch, Pinienkerne und Öl in einen hohen Rührbecher geben und mit einem Stabmixer fein pürieren. Käse unterrühren und mit Salz abschmecken.

250 g Rügener Bio-Spirelli
Salz
250 g Cherrytomaten
1 Bund Basilikum
75 g Mini-Mozzarellakugeln
75 g grünes Pesto
2 EL Olivenöl
1–2 EL Weißweinessig
Pfeffer

RÜGENER KOHLSUPPE

Für 2 Personen, Zubereitungszeit: 40 Minuten

Den Weißkohl in Streifen schneiden, waschen und abtropfen lassen. Das Suppengemüse waschen und in kleine Stücke schneiden. Die Kartoffeln schälen, waschen und in Stücke schneiden. Die Zwiebel schälen und fein würfeln.

Das Kasseler in grobe Würfel schneiden. Den Speck in Streifen schneiden und diesen in einem großen Topf in heißem Öl knusprig braten. Herausnehmen.

Die Zwiebelwürfel in das Speckfett geben und andünsten. Weißkohl, Kartoffeln und Suppengemüse dazugeben und andünsten. Mit Salz, Pfeffer, Majoran, Senfkörnern und Kümmel würzen. Das Lorbeerblatt zufügen. Die Brühe angießen und alles aufkochen lassen. Das Kasseler hineingeben und 20 Minuten garen.

Die Petersilie waschen, trocken tupfen und grob hacken. Den Speck in den Eintopf geben, alles abschmecken und mit Petersilie garniert servieren.

400 g Weißkohl
200 g Suppenge-
   müse
250 g vorwiegend
   festkochende
   Kartoffeln
1 Scheibe Kasseler
   (Nacken, ohne
   Knochen, ca.
   250 g)
50 g durchwachse-
   ner Speck
1 Zwiebel
1 EL Rapsöl
Salz, Pfeffer
½ TL getrockneter
   Majoran
½ TL Senfkörner
½ TL Kümmelsamen
1 Lorbeerblatt
600 ml Gemüse-
   brühe
½ Bund Petersilie

KALTE ROTE BETE-SUPPE MIT EI

Für 2 Personen, Zubereitungszeit: 20 Minuten + Kühlzeit

Die Hälfte der Roten Bete in einen Mixer geben. Buttermilch, Kefir, Zitronensaft- und schale, Salz, Pfeffer und Süßungsmittel dazugeben und fein pürieren. Abschmecken. 1 Stunde im Kühlschrank kalt stellen.

Die Eier in ca. 8 Minuten hart kochen, dann pellen und vierteln.

Die restliche Rote Bete in feine Streifen schneiden. Die Gurke schälen und würfeln. Die Radieschen putzen, waschen und in feine Streifen schneiden. Die Kräuter waschen, trocken tupfen und in Ringe schneiden bzw. hacken.

Alle frischen Zutaten auf 2 Bowls verteilen und die kalte Suppe aufgießen. Mit den geviertelten Eiern garnieren.

400 g Rote Bete
   (gegart und vaku-
   umverpackt)
200 ml Buttermilch
200 ml Kefir
Saft und abgerie-
   bene Schale von
   ½ Bio-Zitrone
Salz, Pfeffer
1 Prise Süßungsmit-
   tel Ihrer Wahl
2 Eier (Größe M)
½ Salatgurke
5 Radieschen
½ Bund Schnittlauch
¼ Bund Dill

CHAMPIGNONSUPPE

Für 2 Personen, Zubereitungszeit: 20 Minuten

Die Champignons putzen, trocken abreiben und in Scheiben schneiden. Die Zwiebel schälen, fein würfeln und in der heißen Butter andünsten. Die Pilze hinzufügen und kurz anbraten. Mit Salz und Pfeffer würzen und mit Mehl bestäuben. Die Brühe, Milch und Sahne zugießen und ca. 10 Minuten kochen lassen.

Die Petersilie waschen, trocken tupfen und grob hacken. Ein paar Pilze aus der Suppe herausfischen und beiseitestellen. Die restlichen Pilze in der Flüssigkeit mit dem Stabmixer grob pürieren. Die beiseitegestellten Champignons wieder in die Suppe geben.

Die Suppe mit Zitronensaft, Worchestersauce, Salz und Pfeffer abschmecken. Mit Petersilie garniert servieren.

100 g braune Champignons
1 kleine Zwiebel
10 g Butter
Salz, Pfeffer
1 TL helles Weizen- oder Dinkelmehl
¼ l Gemüsebrühe
50 ml Milch (3,5 % Fett)
50 ml Schlagsahne
¼ Bund Petersilie
1–2 TL Zitronensaft
1 TL Worcestersauce

SPINAT-ERBSEN-SUPPE MIT CROÛTONS

Für 2 Personen, Zubereitungszeit: 20 Minuten

Den Spinat verlesen, waschen und abtropfen lassen. Die Zwiebeln schälen, fein würfeln und in einem Topf mit 1 EL heißem Öl andünsten. Den Spinat und die Erbsen dazugeben, andünsten und mit Salz und Pfeffer würzen. Die Brühe dazugießen und ca. 10 Minuten kochen lassen.

Das Brot in Würfel schneiden und im restlichen heißen Öl knusprig braten.

Die Suppe pürieren und das Mandelmus unterrühren. Mit Zitronensaft, Salz und Pfeffer abschmecken. Mit den Croûtons und den Pinienkernen bestreut servieren.

70 g Blattspinat
2 Zwiebeln
2 EL Olivenöl
280 g tiefgefrorene
  Erbsen
Salz, Pfeffer
400 ml Gemüse-
  brühe
60 g Ciabattabrot
30 g weißes Mandel-
  mus
2 EL Zitronensaft
30 g Pinienkerne

KLARE GEMÜSESUPPE

Für 2 Personen, Zubereitungszeit: 25 Minuten

Das Suppengemüse waschen, schälen und in Stücke schneiden. Den Blumenkohl waschen und in kleine Röschen teilen. Die Kartoffeln schälen, waschen und würfeln. Die Paprika waschen und in Würfel schneiden. Die Möhre schälen und in Scheiben schneiden.

Den Knoblauch und die Zwiebel schälen, fein würfeln und in einem Topf in heißem Öl andünsten. Das vorbereitete Gemüse dazugeben und ebenfalls andünsten. Mit Salz und Pfeffer würzen. Die Brühe dazugießen und 10-15 Minuten köcheln lassen.

Die Petersilie waschen, trockenschütteln und hacken. Die Suppe abschmecken und die Petersilie einrühren.

1 kleines Bund Suppengemüse
200 g Blumenkohl
2 vorwiegend festkochende Kartoffeln
1 Paprikaschote
1 Möhre
1 Knoblauchzehe
1 Zwiebel
1 EL Rapsöl
Salz, Pfeffer
500 ml Gemüsebrühe
2 Stängel Petersilie

CREMIGE KÜRBISSUPPE

Für 2 Personen, Zubereitungszeit: 30 Minuten

Den Kürbis waschen, evtl. schälen (Hokkaido kann auch mit Schale verwendet werden), entkernen und das Fruchtfleisch in grobe Stücke schneiden. Die Kartoffel schälen, waschen und in Stücke schneiden.

Die Zwiebel und den Ingwer schälen, würfeln und in einem Topf in heißem Öl anbraten. Kartoffel und Kürbis dazugeben und andünsten. Die Brühe dazugießen und 15-20 Minuten köcheln lassen.

Das Gemüse in der Brühe mit dem Stabmixer fein pürieren. Mit Salz und Pfeffer abschmecken. Den Thymian waschen, trocken tupfen und die Blättchen abzupfen.

Zum Servieren die Suppe in Teller geben und jeweils 1 EL Sahne einrühren. Die Kürbiskerne kreisförmig darauf verteilen. Frische Thymianblättchen darüberstreuen und etwas frischen Pfeffer darüber mahlen.

200 g Kürbis (am besten Hokkaido)
1 mittelgroße Kartoffel
1 Zwiebel
1 Stück Ingwer (ca. 10 g)
1 TL Sonnenblumenöl
400 ml Gemüsebrühe
Salz, Pfeffer
2 EL Schlagsahne
30 g Kürbiskerne
1 Zweig Thymian
Frisch gemahlener Pfeffer

HERING IN SANDDORN-MARINADE

Für 2 Personen, Zubereitungszeit: 20 Minuten + Durchziehzeit

Die Heringsfilets abspülen, trocken tupfen und in Stücke schneiden. Die Zwiebel abziehen, halbieren und in Scheiben schneiden.

Essig, Wein, Pfefferkörner, Nelken, Lorbeerblätter, Zucker und Sanddornbeeren in einem Topf zum Kochen bringen. Kurz darauf vom Herd ziehen und den Sud abkühlen lassen.

Die Heringsfilets und die Zwiebel in ein verschließbares Glas geben und mit dem Sud übergießen. Das Glas gut verschließen und die Heringsfilets 1 Tag im Kühlschrank durchziehen lassen.

Die eingelegten Heringsfilets und Zwiebeln abtropfen lassen und die Vollkornbrotscheiben damit belegen.

8 junge Heringsfilets
  ohne Haut
1 rote Zwiebel
250 ml Sherryessig
250 ml trockener
  Weißwein
1 TL schwarze Pfef-
  ferkörner
1 TL Nelken
2 Lorbeerblätter
30 g Rohrzucker
50 g Sanddorn-
  beeren
4 Scheiben Vollkorn-
  brot

FORELLENSALAT MIT AVOCADO

Für 2 Personen, Zubereitungszeit: 25 Minuten

Die Avocado halbieren, den Kern entfernen und die Hälften schälen. Das Fruchtfleisch in Stücke schneiden. Die Gurke waschen, vierteln und in Scheiben schneiden. Die Paprikaschote putzen, waschen und in kleine Stücke schneiden. Die Tomaten waschen und vierteln.

Die Zwiebel schälen, halbieren und in dünne Scheiben schneiden. Den Blattsalat verlesen, waschen und trocken schleudern. Die Forellenfilets in Stücke schneiden.

Avocado, Gurke, Tomaten, Paprika, Zwiebelscheiben und Blattsalat mischen. Aceto balsamico, Senf, Honig, Olivenöl, Salz und Pfeffer verrühren. Das Dressing über den Salat geben und alles gut vermischen. Das Forellenfilet darauf verteilen und mit dem Sesam bestreuen.

1 Avocado
½ Bio-Salatgurke
1 kleine gelbe Paprikaschote
100 g Kirschtomaten
1 rote Zwiebel
100 g Blattsalat (z.B. Raddicio, Feldsalat)
200 g geräuchertes Forellenfilets
2 EL Aceto balsamico bianco
1 TL mittelscharfer Senf
1 EL flüssiger Honig
2 EL Olivenöl
Salz, Pfeffer
Ca. 2 TL Sesam (20 g)

FRUCHTIGER ROTER HERINGSSALAT

Für 2 Personen, Zubereitungszeit: 20 Minuten

Den Matjes in Stücke schneiden. Die Zwiebel schälen, halbieren und in dünne Scheiben schneiden. Die Rote Bete abtropfen lassen und würfeln. Den Pfirsich waschen, halbieren und den Stein entfernen. Das Fruchtfleisch in dünne Spalten schneiden. Die Essiggurken in Scheiben schneiden.

Matjes, Zwiebel, Rote Bete, Pfirsich und Essiggurken in einer Schüssel mischen. Gurkensud, Olivenöl, Aceto balsamico, Salz, Pfeffer und Rohrzucker verrühren. Die Marinade über den Salat geben und gut vermischen.

Den Dill waschen, trocken tupfen, die Spitzen abzupfen und unter den Salat heben. Noch einmal abschmecken und mit den Brötchen servieren.

200 g Matjesherings-
   filet
1 rote Zwiebel
100 g Rote Bete (vor-
   gegart, vakuum-
   verpackt)
1 Pfirsich
50 g Essiggurken
2 EL Essiggurkensud
1 EL Olivenöl
2 EL Aceto balsa-
   mico bianco
Salz, Pfeffer
1 Prise Rohrzucker
½ Bund Dill
2 Körnerbrötchen

RÜGENER HERINGS-TATAR AUF KARTOFFELPUFFERN

Für 2 Portionen, Zubereitungszeit: 30 Minuten + Ziehzeit

Die Heringsfilets, den Apfel und die Zwiebel in feine Würfel schneiden. Alles in eine Schüssel geben, die Sahne und den gehackten Dill dazugeben und miteinander vermengen. Mit grobem Pfeffer bestreuen und 1 Stunde ziehen lassen.

Für die Puffer Kartoffeln und Zwiebel schälen und fein reiben. Die Masse für ca. 10 Minuten beiseitestellen. Anschließend ausdrücken und das Wasser abgießen. Dann mit den anderen Zutaten vermischen. Das Butterschmalz in einer Pfanne erhitzen. Aus der Kartoffelmasse Puffer formen und diese von beiden Seiten goldgelb und knusprig ausbacken.

Für die frittierte Zwiebelhaube das Öl in einem Wok stark erhitzen. In der Zwischenzeit die Zwiebel schälen, in feine Ringe schneiden und diese im heißen Öl 30–60 Sekunden unter Rühren goldbraun frittieren. Die Zwiebelringe mit einer Schaumkelle aus dem Öl holen, auf einen mit Küchenpapier ausgelegten Teller legen und abtropfen lassen.

Zum Anrichten die Kartoffelpuffer auf zwei Teller verteilen, das Herings-Tatar daraufsetzen und mit den frittierten Zwiebelringen toppen.

Für das Herings-Tatar
2 Matjes-Herings-
   filets
1 Apfel
1 rote Zwiebel
50 ml Sahne
1 TL gehackter Dill
Grober Pfeffer und
   Salz nach Belieben

Für die Kartoffel-puffer
600 g Kartoffeln
1 Ei (Größe S)
½ Zwiebel
1 Prise Muskat
Salz und Pfeffer
1 EL Butterschmalz

Für die Zwiebelhaube
1 EL Rapsöl
1 Zwiebel

RESTAURANT-TIPP

Dieses Rezept wurde exklusiv vom Restaurant im Erlebnis-Bad AHOI-Rügen für dieses Buch entwickelt!

Nutzen Sie doch beim nächsten Besuch die Gelegenheit, den Ferientag im Freizeitbad mit einem guten Essen perfekt zu machen.

Das Restaurant im Erlebnisbad AHOI-Rügen ist auch am Abend geöffnet.

FISCHBRÖTCHEN

Für 2 Personen, Zubereitungszeit: 30 Minuten

Das Kabeljaufilet waschen, trocken tupfen und mit dem Zitronensaft beträufeln. Den Fisch mit Salz und Pfeffer würzen. Die Salatgurke waschen und in dünne Scheiben schneiden. Die Paprika waschen und in Streifen schneiden. Die Salatblätter waschen und trocken tupfen.

Die Zwiebel schälen und fein hacken. Den Apfel waschen, vierteln, entkernen und würfeln. Mayonnaise, Joghurt, Gurkensud und Milch verrühren. Apfel- und Zwiebelstücke unterrühren. Mit Salz und Pfeffer abschmecken.

Die Eier in einem tiefen Teller verquirlen. Mehl und Semmelbrösel auf je einen Teller geben. Butterschmalz in einer beschichteten Pfanne erhitzen. Die Fischstücke erst in Mehl, dann in den Eiern und zum Schluss in Semmelbröseln wenden. Die Panade gut andrücken. Den Fisch im heißen Fett 10–15 Minuten braten.

Die Brötchen halbieren und die Unterseite mit Salat belegen. Das Kabeljaufilet und dann die Gurkenscheiben und Paprikastreifen darüberlegen. Die Apfel-Mayo darauf verteilen und die obere Brötchenhälfte auflegen. Die Fischbrötchen mit Zitronenspalten servieren.

2 Stück Kabeljaufilet
(à ca. 150 g)
1 TL Zitronensaft
Salz, Pfeffer
½ Bio-Salatgurke
½ rote Paprikaschote
2 Blätter Salat
1 kleine Zwiebel
½ roter Apfel
1 EL Salatmayonnaise
100 g Sahnejoghurt
(10 % Fett)
1 EL Gewürzgurkensud
2 EL Milch (3,5 % Fett)
2 Eier (Größe M)
40 g helles Weizen-
oder Dinkelmehl
40 g Semmelbrösel
40 g Butterschmalz
2 längliche Brötchen
½ Zitrone in Spalten

SPROTTEN-HAPPEN

Für 2 Personen, Zubereitungszeit: 10 Minuten

Frischkäse, Milch, Salz und Pfeffer verrühren. Abschmecken. Die Zwiebel schälen und in feine Ringe schneiden. Die Tomate waschen und in Scheiben schneiden. Die Kresse vom Beet abschneiden, waschen und trocken tupfen.

Die Sprotten waschen, trocken tupfen und mit Salz und Pfeffer würzen. Die Butter und das Öl in einer beschichteten Pfanne erhitzen. Die Sprotten in dem Mehl wenden und in der Pfanne ca. 5 Minuten braten.

Das Baguette nach Wunsch kurz rösten und mit der Frisch-käse-Creme bestreichen. Die Sprotten, Tomatenscheiben und Frühlingszwiebeln daraufgeben und mit Kresse bestreuen.

TIPP: Sehr gut schmecken hier alternativ auch geräucherte Sprotten, die sogenannten Kieler Sprotten.

100 g Doppelrahm-
   frischkäse
2 EL Milch
   (3,5 % Fett)
Salz, Pfeffer
1 rote Zwiebel
1 Strauchtomate
1 Beet Kresse
4 frische Sprotten
1 TL Butter
1 TL Rapsöl
2 EL helles Weizen-
   oder Dinkelmehl
4 Scheiben
   Baguettebrot

RÜGENER FISCHSUPPE

Für 2 Personen, Zubereitungszeit: 20 Minuten

Das Fischfilet waschen, trocken tupfen und in Stücke schneiden. Mit Salz und Pfeffer würzen.

Die Kartoffeln schälen, waschen und in Stücke schneiden. Den Lauch putzen, waschen und in Ringe schneiden. Die Zwiebel und den Knoblauch schälen, fein würfeln und im heißen Öl andünsten. Den Lauch und die Kartoffeln dazugeben und andünsten. Den Fond und die Tomaten dazugeben. Mit Dill, Zitronensaft, Salz, Pfeffer und Kurkuma würzen und ca. 10 Minuten garen.

Den Fisch in die Suppe geben und bei geringer Hitze ca. 5 Minuten gar ziehen lassen. Die Petersilie und den Dill waschen, trocken tupfen und die Blättchen bzw. Spitzen abzupfen. Die Fischsuppe mit Petersilie und Dill bestreuen.

300 g Fischfilet (z.B. Kabeljau, Heilbutt, Scholle)
Salz, Pfeffer
200 g vorwiegend festkochende Kartoffeln
1 dünne Stange Lauch
1 Zwiebel
1 Knoblauchzehe
2 EL Olivenöl
400 ml Fischfond (aus dem Glas)
1 kleine Dose stückige Tomaten (150 g Füllmenge)
1 TL frischer oder ½ TL getrockneter Oregano
1 Prise Kurkuma
1 EL Zitronensaft
4 Stängel Petersilie
1 Stängel Dill

AAL-KÄSE-SUPPE

Für 2 Personen, Zubereitungszeit: 20 Minuten

Den Aal waschen, trocken tupfen und in Scheiben schneiden. Die Paprikaschote putzen, waschen und in Stücke schneiden. Die frischen Kräuter waschen, trocken tupfen und grob hacken.

Die Zwiebel schälen, fein würfeln und in einem Topf in heißer Butter andünsten. Paprika und Aal dazugeben und andünsten. Mit der Brühe und der Sahne ablöschen. Pfefferkörner, Wacholderbeeren und Lorbeerblatt dazugeben und ca. 5 Minuten köcheln lassen.

Den Käse reiben, in die Suppe geben und schmelzen lassen. Die Kräuter hineinstreuen. Mit Salz, Pfeffer und Zitronensaft abschmecken. Das Brot dazureichen.

200 g Aal (küchen-
   fertig)
1 rote Paprikaschote
4 Blätter frischer
   Salbei
2 Stiele Petersilie
1 Zwiebel
20 g Butter
400 ml Gemüse-
   brühe
50 ml Sahne
6 Pfefferkörner
3 Wacholderbeeren
1 Lorbeerblatt
50 g Gouda
Salz, Pfeffer
Saft ½ Zitrone
2 Scheiben Ciabatta-
   brot

OSTSEEFLUNDER MIT BRATKARTOFFELN

Für 2 Personen, Zubereitungszeit: 45 Minuten

Die Gurke und die Möhre schälen und in dünne Scheiben oder Streifen hobeln. Essig, Senf, Salz, Pfeffer und Olivenöl verrühren. Zwiebeln schälen. Eine der Zwiebeln in Spalten schneiden, die andere fein würfeln. Dill waschen, trocken tupfen und die Spitzen abzupfen. Gurke, Möhre, Zwiebelwürfel und die Hälfte des Dills in die Vinaigrette geben und untermischen

Die Kartoffeln schälen, waschen und in Scheiben schneiden. Öl in einer beschichteten Pfanne erhitzen. Die Kartoffeln darin unter häufigem Wenden ca. 20 Minuten goldbraun braten. Nach 10 Minuten Bratzeit die Zwiebelspalten dazugeben.

Den Speck in Würfel schneiden. Eine große beschichtete Pfanne erhitzen, den Speck darin kross auslassen und herausnehmen.

Die Flundern gründlich waschen und trocken tupfen. Mit Zitronensaft beträufeln. Mit Salz und Pfeffer würzen. Das Mehl auf einen großen Teller geben und die Flundern darin wenden. Überschüssiges Mehl abklopfen. Jeweils 1 EL Butterschmalz zum Speckfett in die heiße Pfanne geben und die Flundern portionsweise von jeder Seite 4–5 Minuten braten. Warm stellen.

Den Speck unter die Bratkartoffeln mischen. Mit Salz und Pfeffer würzen. Den Fisch mit den Bratkartoffeln und dem Salat auf Tellern anrichten. Mit den Zitronenspalten und dem restlichen Dill garniert servieren.

½ Salatgurke
1 Möhre
2 EL Weißweinessig
½ TL Senf
Salz, Pfeffer
2 EL Olivenöl
2 Zwiebeln
4 Stängel Dill
500 g festkochende Kartoffeln
1–2 EL Rapsöl
50 g durchwachsener geräucherter Speck
2 küchenfertige Flunder (ca. à 250 g)
3 EL Zitronensaft
40 g Weizen- oder Dinkelmehl
2 EL Butterschmalz
2 Zitronenspalten

DORSCHFILET AUS DEM OFEN

Für 2 Personen, Zubereitungszeit: 40 Minuten

Den Backofen auf 180°C Ober-/Unterhitze vorheizen. Die Kartoffeln schälen, waschen und je nach Größe halbieren oder vierteln. Die Kartoffeln in eine ofenfeste Form geben. Olivenöl, 1 TL Salz und Kräuter der Provence zu den Kartoffeln geben und vermengen. Im Backofen ca. 15 Minuten backen.

Das Dorschfilet waschen, trocken tupfen und eventuell vorhandene Gräten mit einer Pinzette herausziehen. Das Dorschfilet in 2 gleich große Stücke schneiden. Mit Zitronensaft, Kräutersalz und Pfeffer würzen.

Die Cherrytomaten waschen. Fischfilet, Tomaten und Rosmarin zu den Kartoffeln geben und weitere 10–15 Minuten garen.

Die Petersilie waschen, trocken tupfen, Blättchen abzupfen und grob hacken. Die Auflaufform aus dem Ofen nehmen und die Petersilie darüberstreuen.

4 festkochende
   Kartoffeln
5 EL Olivenöl
Salz
2 EL Kräuter der
   Provence
400 g Dorschfilet
1 EL Zitronensaft
Kräutersalz
Pfeffer
200 g Cherrytoma-
   ten
1 Zweig Rosmarin
½ Bund Petersilie

Außerdem:
ofenfeste Form

AAL AUF ASIA-ART

Für 2 Personen, Zubereitungszeit: 25 Minuten

Den Reis in gesalzenem Wasser nach Packungsanweisung kochen.

Die Mango aufrecht stellen und das Fruchtfleisch vom Kern abschneiden. Schälen und in Stücke schneiden. Den Ingwer schälen und fein hacken.

Den Aal in Stücke schneiden und die Haut abziehen. Den Aal mit Salz und Pfeffer würzen. 2 EL Öl in einer beschichteten Pfanne erhitzen und den Aal darin 6-8 Minuten braten. Den Ingwer dazugeben und kurz andünsten. Mit Teriyaki ablöschen.

Den Koriander waschen und trocken schütteln. Den gekochten Reis in Schüsseln geben. Die Mango und den Aal mit der Soße darauf anrichten.

Das restliche Öl in der Pfanne erhitzen und den Koriander darin 30 Sekunden braten. Herausnehmen und auf dem Aal verteilen. Mit Sesam bestreut servieren.

TIPP: Als Beilage passt ein Blattsalat mit Möhrenstreifen und einer Zitronenvinaigrette.

200 g Reis (z.B. Basmati)
Salz
1 reife Mango
1 Stück Ingwer (ca. 20 g)
1 küchenfertiger Aal (ca. 400 g)
Pfeffer
3 EL Rapsöl
50 ml Teriyakisauce
½ Bund Koriander
Ca. 50 g Sesam

ZANDERFILET MIT DILLPÜREE

Für 2 Personen, Zubereitungszeit: 25 Minuten

Die Kartoffeln schälen, waschen, in Stücke schneiden und in gesalzenem Wasser ca. 20 Minuten weichkochen. Den Dill waschen, trocken tupfen und die Spitzen abzupfen.

Das Zanderfilet waschen, trocken tupfen und in 2 gleich große Stücke schneiden. Mit Salz und Pfeffer würzen. Das Olivenöl in einer beschichteten Pfanne erhitzen und den Fisch darin ca. 5 Minuten braten. Zitronensaft, Sahne und Weißwein zu dem Fisch geben und weitere 5 Minuten garen lassen.

Die Kartoffeln abgießen. Die heiße Milch zu den Kartoffeln gießen und alles mit einem Kartoffelstampfer zerdrücken. Die Butter und etwa 2/3 vom Dill untermischen. Das Püree mit Salz, Pfeffer und Muskatnuss abschmecken.

Die Stärke mit etwas kaltem Wasser anrühren und die Soße in der Fischpfanne damit binden. Den restlichen Dill unterrühren. Mit Salz und Pfeffer abschmecken. Das Zanderfilet mit der Soße und dem Püree anrichten.

400 g mehligko-
chende Kartoffeln
Salz
1 Bund Dill
400 g Zanderfilet
ohne Haut
Pfeffer
1 EL Olivenöl
Saft von ½ Zitrone
50 ml Sahne
2 EL Weißwein
250 ml heiße Milch
(3,5 % Fett)
1 TL Butter
1 Prise Muskatnuss
½ TL Speisestärke

MAKRELE IN BUTTER-WIRSING-SOSSE

Für 2 Personen, Zubereitungszeit: 30 Minuten

Die Makrelenfilets waschen, trocken tupfen und mit Salz und Pfeffer würzen. Den Wirsing vom Strunk befreien, waschen und in Streifen schneiden. Die Zucchini waschen und in Scheiben schneiden.

Die Zwiebel schälen, fein würfeln und in einer hohen Pfanne mit heißer Butter andünsten. Wirsing und Zucchini dazugeben und andünsten. Mit Salz, Pfeffer und Kümmel würzen. Die Brühe und die Sahne dazugießen und das Gemüse ca. 15 Minuten garen.

Das Öl in einer beschichteten Pfanne erhitzen und die Makrelenfilets mit der Haut nach unten ca. 2 Minuten braten. Wenden und weitere 3 Minuten braten.

Die Petersilie waschen, trocken tupfen, Blättchen abzupfen und grob hacken. Das Gemüse in der Flüssigkeit mit einem Stabmixer zu einer cremigen Soße pürieren. Die Petersilie unterrühren und mit Salz und Pfeffer abschmecken. Die Makrelenfilets mit der Soße und einer Zitronenspalte anrichten.

4 Makrelenfilets mit
   Haut (à 80 g)
Salz
Pfeffer
100 g Wirsing
1 kleine Zucchini
1 kleine rote Zwiebel
20 g Butter
½ TL Kümmelsamen
100 ml Gemüse-
   brühe
50 ml Sahne
1 EL Rapsöl
5 Stängel Petersilie
½ Zitrone in Spalten

ROASTBEEF-SANDWICH

Für 2 Personen, Zubereitungszeit: 15 Minuten

Die Eier in ca. 7 Minuten hart kochen. Die Gewürzgurke in feine Würfel schneiden. Die Kapern hacken. Frischkäse, Mayonnaise, Senf, Gewürzgurke, Paprikapulver und Kapern verrühren. Mit Zitronensaft, Salz und Pfeffer kräftig abschmecken.

Die Eier kalt abschrecken, pellen und in Scheiben schneiden. Die Gurke und die Tomate waschen, in Scheiben schneiden und mit Balsamico-Creme beträufeln. Die Salatblätter waschen und trocken tupfen.

Die Baguettebrötchen halbieren und die untere und obere Hälfte jeweils mit der Frischkäse-Creme bestreichen. Die Salatblätter und das Roastbeef darauflegen. Mit Eier-, Tomaten- und Gurkenscheiben belegen. Die obere Brötchenhälfte auflegen und etwas andrücken.

2 Eier (Größe M)
1 Gewürzgurke
2 EL Kapern
1 EL Frischkäse
80 g Mayonnaise
1 EL mittelscharfer
  Senf
2 TL edelsüßes Paprikapulver
1 EL Zitronensaft
Salz, Pfeffer
50 g Salatgurke
1 Strauchtomate
1 EL Balsamico-
  Creme
4 Blätter Kopfsalat
2 große Baguette-
  brötchen
200 g Roastbeef in
  Scheiben

FLEISCHBÄLLCHEN MIT KARTOFFELSTAMPF

Für 2 Personen, Zubereitungszeit: 50 Minuten

Für die Hackbällchen das Brötchen in kaltem Wasser einweichen. Die Zwiebel schälen und fein würfeln. Hackfleisch, Ei, ca. 1/3 der Zwiebeln, Senf, ausgedrücktes Brötchen, Salz und Pfeffer gut verkneten. Aus der Hackmasse ca. golfballgroße Bällchen formen. Kalt stellen.

Die Kartoffeln schälen, waschen, halbieren und in kochendem Salzwasser ca. 20 Minuten garen.

Inzwischen die Champignons putzen, trocken abreiben und fein hacken. Das Öl in einer großen Pfanne erhitzen und die Hackbällchen darin unter Wenden ca. 6 Minuten braten. Herausnehmen.

Die Champignons in das Bratfett geben und anbraten. Restliche Zwiebeln hinzufügen und kurz mitbraten. Mit Salz und Pfeffer würzen. 10 g der Butter dazutun und schmelzen lassen. Das Ganze mit Mehl bestäuben, anschwitzen und unter Rühren nach und nach mit Brühe und Sahne ablöschen. Aufkochen und ca. 1 Minute köcheln lassen. Die Hackbällchen in die Pfanne geben und erwärmen. Petersilie waschen, trocken schütteln, die Blättchen abzupfen und fein hacken.

Die Milch und die restliche Butter in einem kleinen Topf aufkochen. Kartoffeln abgießen und in den Topf zu der Milch-Butter-Mischung geben. Alles mit einem Kartoffelstampfer zerstampfen. Mit Salz und Muskatnuss abschmecken.

Die Hackbällchen in dem Champignonrahm mit der Petersilie bestreuen. Mit dem Kartoffelstampf servieren.

½ Brötchen (vom Vortag)
1 Zwiebel
250 g gemischtes Hackfleisch
1 Ei (Größe M)
¼ TL mittelscharfer Senf
Salz, Pfeffer
500 g mehligkochende Kartoffeln
250 g Champignons
2 EL Rapsöl
30 g Butter
10 g helles Weizen- oder Dinkelmehl
100 ml Gemüsebrühe
50 ml Schlagsahne
125 ml Milch
¼ Bund Petersilie
Frisch geriebene Muskatnuss

LAMMKOTELETTS MIT PFANNENGEMÜSE

Für 2 Personen, Zubereitungszeit: 30 Minuten + 1 Std. Marinierzeit

Die Lammkoteletts waschen, trocken tupfen und evtl. vorhandene Fettränder einschneiden. Das Fleisch in eine Schale legen. Rosmarin waschen, trocken tupfen und die Nadeln abzupfen. Sonnenblumenöl, Salz, Pfefferkörner und Rosmarin verrühren. Den Knoblauch schälen und durch eine Presse dazudrücken. Die Koteletts mit dem Gewürzöl einreiben und abgedeckt 1 Stunde marinieren.

Die Kartoffeln schälen, waschen und in kleine Würfel schneiden. Die Paprikaschote und die Aubergine putzen, waschen und würfeln. Die Zwiebel schälen, halbieren und in dünne Scheiben schneiden.

Das Olivenöl in einer beschichteten Pfanne erhitzen. Kartoffeln, Paprika, Aubergine und Zwiebel dazugeben, mit Salz und Pfeffer würzen und unter Wenden ca. 15 Minuten braten.

Die Lammkoteletts aus der Marinade nehmen und in einer Grillpfanne ca. 8 Minuten braten. Die Koteletts mit dem Gemüse anrichten und servieren.

8 Lammkoteletts (ca. 400 g)
2–4 Zweige Rosmarin
4 EL Sonnenblumenöl
Salz
½ TL schwarze Pfefferkörner
2 Knoblauchzehen
200 g vorwiegend festkochende Kartoffeln
1 gelbe Paprikaschote
1 Aubergine
1 rote Zwiebel
2 EL Olivenöl
Pfeffer

GÖHRENER PUTENLEBER-EINTOPF

Für 2 Personen, Zubereitungszeit: 30 Minuten

Die Putenlebern von eventuell vorhandenen Häutchen entfernen, waschen und trocken tupfen. Die Paprikaschote waschen und in Stücke schneiden. Die Knoblauchzehe schälen und hacken. Die Kirschtomaten waschen und je nach Größe ganz lassen oder halbieren. Die Chilischoten waschen und fein schneiden. Die getrockneten Tomaten in Streifen schneiden.

Das Öl in einer beschichteten Pfanne erhitzen. Die Lebern in Mehl wenden und im heißen Öl ca. 5 Minuten braten. Zwischendurch mit Salz und Pfeffer würzen. Herausnehmen.

Die Butter in das Bratfett geben und erhitzen. Knoblauch, Paprika und Chili darin andünsten. Kirschtomaten und getrocknete Tomaten dazugeben und ebenfalls andünsten. Mit dem Portwein ablöschen und ca. 4 Minuten garen. Die Lebern dazugeben und weitere 3 Minuten garen.

Die Kräuter waschen, trocken tupfen, die Blättchen abzupfen und hacken. Die Kräuter unter den Putenlebertopf mischen, abschmecken und servieren.

300 g Putenleber
1 gelbe Paprika-
   schote
1 Knoblauchzehe
100 g Kirschtomaten
2 rote Chilischoten
50 g getrocknete
   Tomaten
2 EL Olivenöl
2 TL helles Weizen-
   oder Dinkelmehl
Salz, Pfeffer
2 EL Butter
150 ml Portwein
½ Bund frischer
   Oregano
½ Bund Petersilie

HÄHNCHENBRUST IN ORANGEN-WEISSWEIN-CREME

Für 2 Personen, Zubereitungszeit: 25 Minuten

Die Orange heiß waschen, trocknen und die Schale reiben. Die Orange halbieren und auspressen.

Die Hähnchenbrustfilets waschen, trocken tupfen und mit Salz und Pfeffer würzen. Die Butter in einer beschichten Pfanne erhitzen und das Fleisch darin 3-4 Minuten anbraten. Orangensaft, Sahne und Wein zugießen und das Fleisch darin ca. 4 Minuten weitergaren und die Soße etwas einkochen lassen.

Basilikum und Petersilie waschen, trocken schütteln und die Blättchen abzupfen bzw. hacken. Die Orangenschale und die Basilikumblätter zum Fleisch in der Pfanne geben. Die Soße mit Salz und Pfeffer abschmecken. Mit Petersilie garniert servieren.

TIPP: Hierzu passen hervorragend Reis und Tomatensalat als Beilagen.

1 Bio-Orange
4 kleine Hähnchen-
   brustfilets
Salz, Pfeffer
3 EL Butter
80 ml Sahne
60 ml trockener
   Weißwein
2 Stängel Basilikum
1 EL gahackte Peter-
   silie

SELLINER KASSELER MIT OFENKARTOFFELN

EINKAUFSTIPP

Wo gibt es das beste Bio-Gemüse auf der Insel? Der Ökohof Thom ist jeden Dienstag und Donnerstag auf dem Rügen-Markt zu finden (siehe Tipp auf Seite 49).

Sparen Sie 10% beim Kauf von Thom-Produkten und verwenden Sie den Gutschein am Ende dieses Buches!

Für 2 Personen, Zubereitungszeit: 70 Minuten

Den Backofen auf 180 °C Ober-/Unterhitze vorheizen. Die Kartoffeln schälen und waschen. Die Zwiebel und den Knoblauch schälen und in dünne Scheiben schneiden. Die Möhren schälen, das Grün dranlassen und waschen. Die Kräuter waschen und trocken tupfen.

Das Kasseler waschen, trocken tupfen und die Fettschicht rautenförmig einschneiden. Das Fleisch in einen Bräter geben. Kartoffeln, Möhren, Thymian- und Majoranzweige um den Braten verteilen. Mit Salz, Pfeffer und etwas Kümmel würzen. Die Hälfte der Brühe dazugeben, den Deckel (oder Alufolie) darauflegen und im Ofen ca. 45 Minuten garen. Zwischendurch die restliche Brühe zugießen.

Abschließend 10 Minuten vor Ende der Garzeit den Deckel abnehmen und offen zu Ende garen lassen.

300 g kleine Kartoffeln
1 große Zwiebel
1 Knoblauchzehe
½ Bund Möhren
3 Zweige frischer Thymian
3 Zweige frischer Majoran
400 g Kasseler (Rücken im Stück)
Salz, Pfeffer
1 Prise gemahlener Kümmel
200 ml Fleischbrühe

GEGRILLTES RINDERFILET MIT KRÄUTERBUTTER

Für 2 Personen, Zubereitungszeit: 25 Minuten

Den Knoblauch schälen und fein hacken. Butter, Kräuter (ein wenig für die Deko beiseitestellen) und Knoblauch in eine Schüssel geben und mit einer Gabel verkneten. Die Kräuterbutter mit Salz und Cognac abschmecken. Bis zum Servieren zugedeckt kalt stellen.

Das Rinderfilet waschen und trocken tupfen. Bei Bedarf von Sehnen befreien. Das Filet in 2 gleich große Stücke schneiden. Mit Salz und gemahlenem Pfeffer würzen. Auf dem Grill oder in einer Grillpfanne ca. 3 Minuten von jeder Seite braten.* Herausnehmen und die Hälfte der Kräuterbutter darübergeben.

Die Rinderfilets mit der restlichen Kräuterbutter und den beiseitegestellten Kräutern garniert servieren.

TIPP: Legen Sie auch Gemüse z.B. Maiskolben, Zucchini oder Auberginen mit auf den Grill/in die Grillpfanne. Sie passen bestens zu dem Fleisch.

1 Knoblauchzehe
100 g weiche Butter
Ca. 4 EL frische gehackte Kräuter (z.B. Petersilie, Thymian, Schnittlauch, Kerbel)
Salz
½ TL Cognac
400 g Rinderfilet
Grobes Meersalz
Schwarzer Pfeffer aus der Mühle

Bei der Zubereitung von Filet oder Rindersteaks kommt es auf die Kerntemperatur an. Bei »Medium Rare« beträgt die Kerntemperatur zwischen 52 und 55 °C, bei »Medium« bis zu 59 °C. Ab 60 °C ist das Fleisch durchgegart.

LAMMKEULE MIT SALAT UND KARAMELLISIERTEN SCHALOTTEN

Für 4 Personen, Zubereitungszeit: 100 Minuten

Für die Lammkeule den Backofen auf 180 °C Ober-/Unterhitze vorheizen. Die Lammkeule waschen, trocken tupfen und mit Salz und Pfeffer würzen. Das Olivenöl in einem Bräter erhitzen und die Keule darin rundum kräftig anbraten. Die Kräuter auf die Lammkeule legen, 250 ml Wasser oder Brühe aufgießen und die Keule zugedeckt ca. 45 Minuten im Backofen schmoren.

Die Schalotten schälen und würfeln. Die Tomaten einritzen, mit kochendem Wasser überbrühen und häuten. Die Tomaten halbieren, entkernen und würfeln. Die Knoblauchknolle im Ganzen sowie die Schalotten- und Tomatenwürfel zur Lammkeule geben, eventuell noch etwas Wasser oder Brühe angießen und zugedeckt 45 Minuten weiterschmoren.

Zitronensaft, Honig, Salz und Pfeffer verrühren. Die zwei Knoblauchzehen schälen und durch eine Presse dazudrücken. Die Kräuter von der Lammkeule nehmen und das Fleisch mit dieser Marinade bepinseln. Offen weitere 30 Minuten garen lassen. Eventuell noch etwas Flüssigkeit angießen.

Für den Salat die Schalotten schälen, halbieren und im heißen Öl kurz andünsten. Den Zucker darüberstreuen und leicht karamellisieren lassen. Mit dem Essig ablöschen, aufkochen und ca. 1 Minute köcheln lassen. Mit Salz und Pfeffer würzen. Herausnehmen und abkühlen lassen.

Für die Lammkeule
1 Lammkeule (ca. 1,5 kg)
Salz, Pfeffer
3 EL Olivenöl
Je 1 Zweig Rosmarin und Thymian
Ca. 400 ml Wasser oder Brühe
500 g Schalotten
3 Fleischtomaten
1 Knolle junger Knoblauch
Saft von ½ Zitrone
1 EL Honig
2 Knoblauchzehen

Für den Salat
2 kleine Schalotten
1 EL Bratöl
1 EL Zucker
5 EL Aceto balsamico bianco
Salz, Pfeffer
150 g gemischte Blattsalate (z.B. Eichblatt, Endivie, Radicchio)
1 EL Walnussöl

Die Salate waschen, trocken schleudern und in mundgerechte Stücke zupfen. Das Walnussöl unter die Marinade der karamellisierten Schalotten rühren, abschmecken und mit dem Blattsalat mischen.

Die Lammkeule aus dem Ofen nehmen, kurz ruhen lassen. Die Soße mit Salz und Pfeffer abschmecken. Die Lammkeule in Scheiben schneiden und mit der Soße, den karamellisierten Schalotten und dem Salat anrichten.

MINUTENSTEAKS MIT ROSENKOHL

Für 2 Personen, Zubereitungszeit: 20 Minuten

Den Rosenkohl putzen, waschen und in gesalzenem Wasser ca. 15 Minuten kochen.

Die Minutensteaks waschen, trocken tupfen und mit Salz und Pfeffer würzen.

Die Zwiebel schälen und fein würfeln. Den Speck in feine Streifen schneiden und in einer beschichteten Pfanne knusprig braten. Herausnehmen und auf Küchenpapier abtropfen lassen.

Die Butter in dem Speckfett erhitzen und die Zwiebel darin glasig dünsten. Den Rosenkohl abgießen, abtropfen lassen und in die Pfanne geben und leicht anbraten. Den Speck und die Petersilie dazugeben. Mit Salz, Pfeffer und Muskat würzen.

Das Öl in einer Pfanne erhitzen und die Steaks 1–2 Minuten darin braten. Herausnehmen und mit dem Rosenkohl angerichtet servieren.

300 g Rosenkohl
Salz
4 Rinder-Minuten-
    steaks (à ca. 100 g)
Pfeffer nach Belie-
    ben
1 EL Pflanzenöl
1 Zwiebel
50 g durchwachse-
    ner Speck
10 g Butter
1 Prise frisch gerie-
    bene Muskatnuss
1 EL gehackte Peter-
    silie

RÜGENER BIO-HUHN AUF MEDITERRANE ART

Für 2 Personen, Zubereitungszeit: 45 Minuten

Die Hähnchenkeulen waschen, trocken tupfen und im Gelenk durchschneiden. Mit Salz und Pfeffer kräftig würzen. Die Zwiebel und den Knoblauch schälen und würfeln. Den Thymian und den Rosmarin waschen, trocken tupfen und die Blättchen bzw. Nadeln abzupfen.

Das Öl in einer Pfanne erhitzen und die Hühnerteile darin kräftig anbraten. Zwiebel und Knoblauch dazugeben und kurz mitbraten. Kräuter, Tomaten, Brühe und Oliven dazugeben und alles ca. 35 Minuten schmoren.

Die Petersilie waschen, trocken tupfen und grob hacken. Den Tomatensud mit Salz und Pfeffer abschmecken. Die Petersilie untermischen und servieren.

2 Hähnchenkeulen
Salz, Pfeffer
2 Zwiebeln
2 Knoblauchzehen
¼ Bund Thymian
1 Zweig Rosmarin
2 EL Olivenöl
1 Prise gemahlener Kreuzkümmel
1 Prise Chilipulver
1 Dose geschälte Tomaten (400 g Füllmenge)
Ca. 125 ml Hühnerbrühe
30 g schwarze entsteinte Oliven
2 Stängel Koriander (oder Petersilie)

SCHWEINEFILET IM SPECKMANTEL MIT BOHNENBÜNDELN

Für 2 Personen, Zubereitungszeit: 45 Minuten

Die Bohnen putzen, waschen, in 4 Portionen teilen und jeweils mit Küchengarn umwickeln. Die Bohnen in gesalzenem Wasser 15–20 Minuten kochen.

Das Schweinefilet waschen, trocken tupfen und in 4 gleich große Scheiben schneiden. Mit Salz und Pfeffer würzen. Jeweils mit einer Scheibe Bacon umwickeln und mit Holzstäbchen feststecken.

Die Zwiebeln schälen und halbieren. Die Tomaten waschen. Die Zucchini waschen, längs halbieren und in Halbmonde schneiden. Das Öl in einer großen Pfanne erhitzen. Die Schweinemedaillons darin von allen Seiten 8–10 Minuten braten. Herausnehmen und in Alufolie ruhen lassen.

Die Bohnenbündel aus dem Topf nehmen, abtropfen lassen und jeweils mit einer Baconscheibe umwickeln und feststecken. Zwiebeln, Zucchini und Tomaten in die Pfanne geben, 4 Minuten braten und mit Salz und Pfeffer würzen. Die Bohnenbündel dazulegen und kurz mitbraten. Die Medaillons aus der Folie nehmen, in die Pfanne geben, mit dem entstandenen Bratfett beträufeln und nochmal kurz erwärmen.

400 g Buschbohnen
Salz
1 Schweinefilet (ca. 400 g)
Pfeffer nach Belieben
8 dünne Scheiben Frühstücksspeck
2 Zwiebeln
200 g Kirschtomaten
½ Zucchini
2 EL Rapsöl

REHRÜCKEN MIT PFIFFERLING-RAHM

Für 2 Personen, Zubereitungszeit: 40 Minuten + Marinierzeit

Für den Rehrücken das Fleisch waschen, trocken tupfen und auf eine Platte legen. Wacholderbeeren, Pfefferkörner, Nelken, Zimtstange und Lorbeerblätter im Mörser zerdrücken. Das Fleisch damit einreiben. Preiselbeeren mit Rotwein verrühren, darübergeben und 4 Stunden abgedeckt marinieren. Das Fleisch dabei gelegentlich wenden.

Für den Rehrücken

2 ausgelöste Rehrü-
   ckenfilets
8 Wacholderbeeren
8 Pfefferkörner
2 Gewürznelken
½ Zimtstange
1 Lorbeerblatt
1 EL Preiselbeeren
   (aus dem Glas)
125 ml trockener
   Rotwein
Salz, Pfeffer
1 EL Butterschmalz
1 EL Rapsöl

Für den Pilzrahm

600 g frische Pfiffer-
   linge
2 Schalotten
1 Knoblauchzehe
1 TL Butter
100 ml trockener
   Weißwein
150 g Crème fraîche
Salz, Pfeffer
1 TL Speisestärke
50 g Sauerkirschen
   (aus dem Glas)

Für den Pilz-Rahm die Pfifferlinge gründlich putzen, evtl. waschen und gut trocken tupfen. Die Schalotten und den Knoblauch schälen und fein hacken.

Den Backofen auf 120 °C Ober-/Unterhitze vorheizen. Den Rehrücken aus der Marinade nehmen, trocken tupfen und mit Salz und Pfeffer würzen. Das Butterschmalz und das Öl in einer beschichteten Pfanne erhitzen und das Fleisch rundum ca. 2 Minuten anbraten. Je ein Rückenfilet in Alufolie wickeln, auf das Backblech legen und im Ofen ca. 15 Minuten garen lassen. Zwischendurch wenden.

Schalotten und Knoblauch in heißer Butter kurz andünsten. Die Pfifferlinge dazugeben und ca. 5 Minuten braten. Den Wein und die Crème fraîche hinzufügen, aufkochen lassen, mit Salz und Pfeffer abschmecken. Die Speisestärke in wenig Wasser glattrühren und unter den Pilz-Rahm geben. Unter Rühren aufkochen lassen.

Den Rehrücken aufschneiden, mit den Pfifferlingen anrichten und mit Sauerkirschen garniert servieren.

GESCHMORTE HASENKEULE

Für 2 Personen, Zubereitungszeit: 2 Stunden + Durchziehzeit

2 Hasenkeulen (à ca.
  300 g)
500 ml Buttermilch
1 Bund Suppenge-
  müse
½ Gemüsezwiebel
1 Knoblauchzehe
1 Zweig Rosmarin
2 Zweige Thymian
5 Koriandersamen
3 Wacholderbeeren
3 Gewürznelken
10 Pfefferkörner
  (weiß & schwarz)
30 g Butterschmalz
250 ml trockener
  Rotwein (z.B. Spät-
  burgunder)
250 ml Wildfond aus
  dem Glas (oder
  Gemüsebrühe)
2 Lorbeerblätter
30 g getrocknete
  Steinpilze
1 leicht säuerlicher
  Apfel (z.B. Bos-
  koop)
2 EL Preiselbeeren
  (aus dem Glas)
Salz, Pfeffer

Die Hasenkeulen waschen, trocken tupfen und in eine große Schale legen. Mit der Buttermilch übergießen und abgedeckt über Nacht durchziehen lassen.

Am nächsten Tag das Suppengemüse putzen, waschen und in Stücke schneiden. Die Zwiebel und den Knoblauch schälen und würfeln. Die Kräuter waschen und trocken tupfen. Die Gewürzkörner in einem Mörser zerstoßen.

Die Hasenkeulen aus der Buttermilch nehmen, trocken tupfen und mit der Würzmischung einreiben. Das Butterschmalz erhitzen und die Keulen darin von allen Seiten kräftig anbraten. Suppengemüse, Zwiebel und Knoblauch dazugeben und kurz mitbraten. Mit Wein und Brühe ablöschen. Kräuter, Lorbeerblätter und getrocknete Steinpilze hinzufügen und die Hasenkeulen ca. 1 ½ Stunden schmoren.

Den Apfel schälen, vierteln und das Kerngehäuse entfernen. In grobe Würfel schneiden und ca. 10 Minuten vor Ende der Garzeit in den Topf geben. Die Hasenkeulen herausnehmen und dafür die Preiselbeeren einrühren. Mit Salz und Pfeffer abschmecken. Wer die Soße lieber etwas dicker mag, kann sie noch mit in Wasser angerührter Speisestärke andicken. Die Keulen noch einmal kurz in die Soße legen, erwärmen und servieren.

WILDSCHWEIN-RAGOUT

300 g Wildschwein
  (Schulter oder
  Keule)
Salz, Pfeffer
1 EL Rapsöl
1 kleine Stange
  Lauch
1 Möhre
100 g Knollensellerie
½ Petersilienwurzel
2 Zwiebeln
1 EL Rapsöl
Salz, Pfeffer
1 TL Tomatenmark
30 g Preiselbeeren
  (aus dem Glas)
5 weiße Pfefferkör-
  ner
5 Wacholderbeeren
100 ml trockener
  Rotwein
500 ml Wildfond (aus
  dem Glas)
1 Lorbeerblatt
Je 1 Zweig Rosmarin
  und Thymian
1 TL Aceto balsa-
  mico (dunkel)
Saft von ½ Orange
10 g Stärke
10 g Butter

Für 2 Personen, Zubereitungszeit: 80 Minuten

Von dem Fleisch evtl. vorhandenes Fett und Sehnen entfernen. Dann waschen, trocken tupfen und in walnussgroße Würfel schneiden.

Lauch, Möhre, Sellerie und Petersilienwurzel schälen und würfeln bzw. in Scheiben schneiden. Die Zwiebeln schälen und würfeln. Das Fleisch im heißen Öl kräftig anbraten. Mit Salz und Pfeffer würzen.

Das Gemüse dazugeben und kurz mitbraten. Das Tomatenmark und die Preiselbeeren einrühren und mit anschwitzen lassen. Zerdrückte Pfefferkörner und Wacholderbeeren hinzufügen, alles zusammen anbraten. Mit dem Rotwein ablöschen und um 1/3 reduzieren lassen.

Den Wildfond, Lorbeerblatt, Kräuter, Aceto balsamico und Orangensaft dazugeben. Das Ragout ca. 1 Stunde schmoren lassen, bis das Fleisch weich ist.

Die Stärke mit etwas Wasser anrühren und das Ragout damit binden. Aufkochen lassen. Die Butter in Flöckchen dazugeben und schmelzen lassen. Mit Salz und Pfeffer abschmecken und servieren.

TIPP: Auf Rügen werden Wildschweingerichte traditionellerweise mit Rotkohl gegessen.

EINKAUFSTIPP

Der Wildhandel Albrecht führt Wildfleisch von hervorragender Qualität. Sie kaufen es auf der Insel auf dem Rügen-Markt in Thiessow, jeden Dienstag und Donnerstag (siehe Tipp auf Seite 49).

Sparen Sie 10% beim Kauf dieses Produktes und verwenden Sie den Gutschein am Ende dieses Buches!

EINGELEGTE GURKEN

Für 3 Gläser (à 800 ml), Zubereitungszeit: 15 Minuten

Die Gurken gründlich unter fließendem Wasser waschen und die bitteren Stielenden entfernen. Auf Wunsch in Scheiben oder Stifte schneiden. Die Frühlingszwiebeln waschen und in Ringe schneiden. Den Dill waschen, trocken schütteln und in kleine Zweige zerteilen. Wasser, Essig und Salz zum Kochen bringen. Währenddessen Gurken, Dill, Frühlingszwiebel und die Gewürzmischung auf die Gläser verteilen. Das kochende Essigwasser randvoll eingießen und die Gläser verschließen. An einem kühlen, dunklen Ort lagern.

TIPP: Gurken in dünne Scheiben geschnitten sind schon nach 2–3 Tagen durchgezogen und daher besonders gut für den schnellen Genuss geeignet.

1 kg Einlegegurken
1 Bund Frühlings-
   zwiebeln
1 Bund Dill
1 l Wasser
500 ml Weißwein-
   essig
3 EL Salz (oder
   Gewürzsalz)

Außerdem:
3 kochend-heiß
   ausgespülte Weck-
   gläser

EINGEKOCHTE GRÜNE BOHNEN

Für 1 Glas (à 800 ml), Zubereitungszeit: 2,5 Stunden

Die Bohnen putzen (die Fäden entfernen), waschen und die Enden knapp abschneiden. In einem großen Topf Wasser aufkochen und die Bohnen darin portionsweise 8 Minuten sprudelnd kochen. Bohnen mit einer Schaumkelle aus dem Wasser heben und sofort in eine Schüssel mit kaltem Wasser geben.

Das Bohnenkraut waschen und trocken schütteln. Die Bohnen in das vorbereitete Glas geben.

Die Zitrone heiß abwaschen, trocken abreiben, in dünne Scheiben schneiden und zu den Bohnen geben. Das Bohnenkraut in das Glas geben. Das Glas mit frisch abgekochtem, wieder erkaltetem Wasser randvoll füllen. Das Glas verschließen und in den Einkochtopf stellen. Bei 100 °C 2 Stunden sterilisieren.

INFO: Sie können auch ohne Einkochtopf Gemüse einwecken: im Backofen oder in einem großen Kochtopf. Dafür einfach die Weckgläser für die gleiche Zeit in den Backofen oder in einen großen Kochtopf mit Wasser gefüllt stellen.

500 g frische grüne
    Bohnen
½ Bund Bohnenkraut
Bio-Zitrone

Außerdem:
Einkochtopf und
    1 kochend-heiß
    ausgespültes
    Weckglas

EINGELEGTER BROKKOLI

Für 2 Gläser (à 800 ml), Zubereitungszeit: 15 Minuten + Ziehzeit

Den Brokkoli gründlich waschen, Stielenden abschneiden, in Röschen teilen und vorsichtig in die sauberen Einmachgläser geben.

Essig, Salz, Zucker, Wasser und Gewürze aufkochen und sofort über das Gemüse gießen. Anschließend gut verschließen, Glas auf den Kopf stellen und abkühlen lassen.

Die Gläser gut verschlossen an einem kühlen, am besten dunklen Ort mindestens 2 bis 4 Wochen ziehen lassen.

500 g Brokkoli
250 ml Tafel- oder
   Weißweinessig
2 EL Meersalz
2 TL Rohrzucker
500 ml Wasser
1 TL Pfefferkörner
6 Scheiben Ingwer
½ TL Kreuzkümmel-
   samen

Außerdem:
2 kochend-heiß
   ausgespülte Weck-
   gläser

SANDDORN-MARMELADE

Für ca. 8 Gläser (à ca. 200 ml), Zubereitungszeit: 30 Minuten

Die Sanddornbeeren waschen und mit 200 ml Wasser in einem Topf aufkochen, bis sie platzen. Das dauert ca. 10 Minuten. Die Masse anschließend durch ein Sieb streichen.

Das Sanddornmus mit dem Gelierzucker erneut aufkochen und unter Rühren 4–5 Minuten sprudelnd kochen lassen.

Die Sanddornmarmelade noch heiß in die sterilisierten Gläser füllen und gut verschließen. Für 5 Minuten auf dem Deckel stehen lassen, dann umdrehen und vollständig abkühlen lassen.

1 kg Sanddornbee-
ren
200 ml Wasser
500 g Gelierzucker
2:1

Außerdem:
8 kochend-heiß
ausgespülte Weck-
gläser

SAHNIGER ERDBEER-JOGHURT

Für 2 Personen, Zubereitungszeit: 10 Minuten

Den Joghurt mit der Sahne, dem Honig und dem Zitronensaft verrühren. Die Creme auf 2 Gläser verteilen.

Die Erdbeeren waschen, putzen und halbieren oder vierteln und über den Joghurt geben. Die Zitronenmelisse waschen, trocken tupfen, die Blättchen abzupfen und den Joghurt damit garnieren.

100 g Griechischer
   Joghurt (10 % Fett)
100 g Sahne
2 EL Honig
Saft ½ Zitrone
200 g Erdbeeren
1 Stängel Zitronen-
   melisse

EINKAUFSTIPP

Verwenden Sie einen ganz besonderen Honig! Den Rapsblütenhonig von der Mönchguter Imkerei können Sie auf dem Rügen-Markt in Thiessow (immer dienstags und donnerstags) kaufen (siehe Tipp auf Seite 49).

Sparen Sie 10% beim Kauf dieses Produktes und verwenden Sie den Gutschein am Ende dieses Buches!

TIRAMISU IM GLAS

Für 2 Personen, Zubereitungszeit: 30 Minuten + Durchziehzeit

Den Kaffee in den Baileys einrühren. Die Sahne mit den Rührbesen des Handrührgerätes steif schlagen, dann beiseitestellen. Mascarpone, Puderzucker und Vanilleextrakt auf niedriger Stufe kurz verrühren. Dann die Sahne vorsichtig unterheben. Die Creme in einen großen Gefrierbeutel füllen und die Spitze des Beutels ca. 1 cm breit aufschneiden.

Ein Drittel der Löffelbiskuits in kleine Stücke brechen und in die Gläser füllen. Mit je 1–2 EL der Kaffeemischung beträufeln. Mithilfe des Gefrierbeutels eine dünne Schicht Creme auf die Löffelbiskuitböden spritzen. Wieder ein Drittel der Löffelbiskuits hinzufügen und dann Creme darübergeben. Je nach Größe des Glases noch einmal wiederholen. Mit Creme abschließen.

Das Tiramisu mit Backkakao bestäuben und mit ein paar Kaffeebohnen dekorieren. Eine halbe Stunde im Kühlschrank durchziehen lassen.

50 ml gekochter, kalter Kaffee
1 EL Baileys (Likör)
100 ml Sahne
150 g Mascarpone
50 g Puderzucker
½ TL Vanilleextrakt
10 Löffelbiskuits (ca. 100 g)
1 EL Backkakao
Einige Kaffeebohnen

BUNTER OBSTSALAT

Für 2 Personen, Zubereitungszeit: 15 Minuten

Den Granatapfel halbieren und die Kerne vorsichtig herausklopfen bzw. herauslösen. Die Banane schälen und in Scheiben schneiden. Die Erdbeeren waschen und in mundgerechte Stücke schneiden.

Die Kiwi schälen, vierteln und in Scheiben schneiden. Die Weintrauben waschen und ganz lassen. Die Orange so dick schälen, dass die weiße Haut mitentfernt wird. Die Filets zwischen den Trennwänden herausschneiden, den Saft dabei auffangen.

Das Obst in eine Schüssel geben. Den aufgefangenen Orangensaft mit dem Honig verrühren und untermischen. Die Minze waschen, trocken tupfen, die Blättchen abzupfen und den Obstsalat damit garnieren.

1 Granatapfel
½ Banane
100 g Erdbeeren
1 Kiwi
100 g helle kernlose
   Weintrauben
1 Orange
1 TL Honig
1 Zweig Minze

RÜGENER APFELKUCHEN

Für 12 Stücke, Zubereitungszeit: 60 Minuten

Den Backofen auf 190 °C Ober-/Unterhitze (170 °C Umluft) vorheizen. Den Boden der Springform mit Backpapier auslegen oder einfetten.

Butter, Zucker und 1 Päckchen Vanillezucker mit den Rührbesen des Handrührgerätes cremig rühren. Die Eier einzeln nach und nach unterrühren. Das Mehl mit dem Backpulver vermischen, dazugeben und kurz unterrühren. Den Teig in die Springform geben und glatt streichen.

Die Äpfel schälen, vierteln und das Kerngehäuse entfernen. Die Apfelviertel oben mit dem Messer einschneiden und gleichmäßig auf dem Teig verteilen. Den Kuchen im Ofen ca. 40 Minuten backen (Stäbchenprobe!).

Den Kuchen herausnehmen und mit dem restlichen Vanillezucker und den Mandelblättchen bestreuen. Weitere 10 Minuten backen. Den Apfelkuchen auf dem Kuchengitter in der Springform komplett auskühlen lassen.

250 g weiche Butter
200 g Zucker oder Xylit
2 Pck. Vanillezucker
4 Eier (Größe M)
350 g Dinkelmehl Typ 1050
1 Pck. Backpulver
Ca. 1 kg Äpfel (z.B. Boskoop)
100 g Mandelblättchen

Außerdem:
Springform (26 cm ø)

SWEETSANDNUTS

Deine *Süßigkeiten* Dein *Mix!*

Stelle dir jetzt deine eigene Box mit deinen Lieblingssüßigkeiten selber zusammen!

www.sweetsandnuts.de

APFELRINGE IM BIERTEIG

Für 2 Personen, Zubereitungszeit: 40 Minuten

Mehl, Eier, Bier, Salz und ½ TL Zimt in eine Schüssel geben und alles zu einem nicht zu dünnen Teig verrühren (notfalls noch ein wenig Mehl hinzufügen).

Die Äpfel schälen, das Kerngehäuse mit einem Apfelausstecher herausstechen und die Äpfel in 1 cm dicke Scheiben schneiden. Das Öl in einer tiefen Pfanne erhitzen, eine Apfelscheibe in den Bierteig in der Schüssel tauchen, etwas abtropfen lassen und in dem heißen Öl von beiden Seiten goldgelb ausbacken. Herausnehmen und zum Entfetten auf Küchenpapier legen. Nach und nach die restlichen Apfelscheiben ausbacken.

Den Puderzucker mit 1 TL Zimt mischen, die Apfelküchle auf Tellern anrichten und mit dem Zimtzucker bestreut servieren.

150 g Dinkelmehl
  Typ 1050
2 Eier (Größe M)
80 ml Bier
Salz
1 ½ TL Zimt
2 große Äpfel
100 ml Sonnenblumenöl
Ca. 2 EL Puderzucker

Außerdem:
Apfelausstecher

ORANGEN-SANDDORN-COCKTAIL

Für 2 Cocktails, Zubereitungszeit: 10 Minuten

Den Sanddornsaft mit dem Schokoladensirup in einem Becher vermischen. Das Mineralwasser dazugeben und vermischen.

Die Orangen heiß waschen, trockenreiben und eine Orange davon in Scheiben schneiden. Die andere Orange auspressen und den Saft ebenfalls in den Becher geben. Die Minze waschen und trocken tupfen.

Das Crushed Ice in 2 hohe Gläser geben und den Orangen-Sanddorn-Mix hineingießen. Jeweils 2 Orangenscheiben dazutun, mit einem Zweig Minze dekorieren und servieren.

50 ml Bio-Sanddorn-
   saft
50 ml Sirup »Weiße
   Schokolade«
300 ml Mineralwas-
   ser
2 Bio-Orangen
2 Zweige Minze (oder
   Zitronenmelisse)
Crushed Ice für
   2 Gläser

MELONEN-COCKTAIL

Für 2 Cocktails, Zubereitungszeit: 10 Minuten

Die Melone entkernen, das Fruchtfleisch von der Schale abschneiden und würfeln. Die Melone in einen Mixer geben. 1 Limette auspressen. Den Limettensaft und das Wasser zur Melone geben und pürieren. Die Flüssigkeit kurz stehen lassen, sodass sich der Schaum setzt.

In der Zwischenzeit die zweite Limette heiß abwaschen, trockenreiben und in Scheiben schneiden. Die Minze waschen und trocken tupfen.

Den Rum unter den Melonendrink rühren. Die Eiswürfel auf 2 hohe Gläser verteilen. Den Cocktail darübergießen. Nach Wunsch mit einer Melonenspalte anrichten und mit einem Minzezweig garniert servieren.

½ Honigmelone (z.B. Cantaloupe)
200 ml Mineralwasser
2 Bio-Limetten
4 cl weißer Rum
2 Stängel Minze
2 Handvoll Eiswürfel

CHIA-BLAUBEER-SMOOTHIE

Für 2 Smoothies, Zubereitungszeit 10 Minuten + Kühlzeit

Die Chiasamen mit 100 ml des Pflanzendrinks vermengen und luftdicht verschlossen für mindestens 5 Stunden (am besten über Nacht) im Kühlschrank quellen lassen. So entsteht eine Art Pudding.

Für den Smoothie die Banane schälen und in Stücke schneiden. Die Blaubeeren verlesen und waschen. Banane, Blaubeeren, Chiapudding und die restliche Pflanzenmilch in einen Standmixer oder hohen Rührbecher geben und fein pürieren. Bei Bedarf noch etwas Wasser hinzufügen.

Den Smoothie auf 2 Gläser verteilen. Die Minze waschen, trocken tupfen und die Blättchen abzupfen. Den Drink damit anrichten und servieren.

2 EL Chiasamen
300 ml Pflanzendrink
   (z.B. Mandelmilch)
1 Banane
150 g Blaubeeren
2 Zweige Minze (oder
   Zitronenmelisse)
Wasser nach Bedarf

INGWER-ZITRONEN-LIMONADE

Für 2 Gläser, Zubereitungszeit: 15 Minuten + Kühlzeit

Zitronensaft, Wasser und Xylit in einen Topf geben. Alles gut verrühren, bis sich der Zucker vollständig aufgelöst hat.

Den Ingwer schälen, in Scheiben schneiden und ebenfalls in den Topf geben. Die Flüssigkeit unter ständigem Rühren zum Kochen bringen und 2–3 Minuten kochen lassen. Den Sirup durch ein Sieb gießen und noch heiß in sterile Gläser abfüllen. Den Deckel schließen und den Sirup vollständig abkühlen lassen.

Zum Servieren die Minze waschen, trocken tupfen und die Blättchen abzupfen. Die halbe Orange heiß waschen, trockenreiben und in Scheiben schneiden. Den Sirup auf 2 Gläser verteilen und mit Mineralwasser aufgießen. Mit den Orangenscheiben und der Minze garnieren. Nach Belieben Eiswürfel hinzufügen.

Für den Sirup
200 ml Saft von Bio-
  Zitronen
250 ml Wasser
140 g Xylit
1 Stück Ingwer (ca.
  15 g)

Für die Limonade
2 Zweige Minze
½ Bio-Orange
Mineralwasser
Eiswürfel nach
  Belieben

Außerdem
1 heiß ausgekoch-
  tes Weck- oder
  Schraubglas

SANDDORNTEE

Für 2 Tassen, Zubereitungszeit: 10 Minuten

Das Wasser aufkochen. Die Sanddornbeeren waschen, in eine Teekanne geben und mit dem kochenden Wasser übergießen. Abdecken und etwa 8–10 Minuten ziehen lassen.

Den Deckel entfernen und das kondensierte Wasser am Deckel in den Tee laufen lassen – es ist reich an ätherischen Ölen! Den Tee durch ein Sieb gießen, auf 2 hitzebeständige Gläser verteilen und jeweils 1 TL Honig einrühren.

TIPP: Ein paar Sanddornbeeren im Teeglas sehen toll aus. Sie können auch verzehrt werden, aber Achtung: sauer!

2 TL Sanddorn-beeren
400 ml Wasser
2 TL Honig

WOLFGANG LINK

Wolfgang Link, Jahrgang 1972, wächst im mittelfränkischen Neuendettelsau auf. Nach seiner Ausbildung zum Koch und einigen Stationen in der Gastronomie verschlug es ihn in die Business-Gastronomie eines internationalen Automobil-zulieferers, wo er heute den Catering-Service an einem großen Standort leitet. Die Liebe zum Beruf unterstrich er mit den Ausbildungen zum Diätcoach, Küchenmeister, technischen Betriebswirt und zum LOGI-Low-Carb-Experten.

Seine vielfältigen Erfahrungsbereiche umfassen Ernährungs-beratung, Kochkurse, Autorentätigkeit (Bestsellerautor von mehr als 180.000 verkauften Exemplaren) und Gastronomie-Konzeption.

Seine Liebe zur Insel Rügen nahm vor über 20 Jahren ihren Anfang, als er in einem Urlaub den feinsandigen Ostseestrand und die wunderschöne Landschaft kennenlernte. Seitdem reist er mehrfach im Jahr zur Erholung dorthin.

Außerdem ist er seit April 2014 in den erlesenen Kreis der Fernsehköche des BR3 aufgenommen. Dort präsentiert er mehrmals im Monat seine kreative und raffinierte Kochkunst.

IMPRESSUM

© 2022 mindfulbooks
mindfulbooks ist ein Verlag der Schmieder-Media GmbH, Lünen, Deutschland.

Mit freundlicher Unterstützung von
Paradies Rügen Urlaubs- GmbH & Co. KG

Konzept:	Sabine Schmieder, Wolfgang Link
Redaktion:	Claudia Lenz, Schmieder-Media GmbH
Korrektorat:	Gina Janosch
Gestaltung und Satz:	A flock of sheep, Marcus Taeschner
Fotografie:	shutterstock.com
Coverfoto:	shutterstock.com
Autorenfoto W. Link:	Bartosz Ludwinski
Druck und Bindung:	COULEURS Print & More GmbH

ISBN 978-3-9822208-4-0

1. Auflage

WWW.SCHMIEDER.MEDIA